더불어사는
행복한
인권

더불어사는 행복한 인권

초판 1쇄 펴낸날 | 2016년 8월 30일
초판 3쇄 펴낸날 | 2021년 4월 30일

글 최종순 | 그림 유설화
펴낸이 서경석
책임편집 류미진 | 디자인 박보라
마케팅 서기원 | 제작·관리 서지혜, 이문영
펴낸곳 청어람주니어 | 출판등록 제313-2009-68호
주소 경기도 부천시 원미구 부일로 483번길 40 서경빌딩 3층 (우)14640
전화 (032)656-4452 | 팩스 (032)656-9496
전자우편 juniorbook@naver.com
카페 http://cafe.naver.com/chungeoramjunior
페이스북 http://www.facebook.com/chungeoramjunior

ISBN 979-11-86419-26-7 74300
　　　 978-89-93912-16-6(세트)

ⓒ 최종순, 유설화 2016

※ 이 책의 내용 일부 또는 전부를 재사용하려면 반드시 저작권자와 청어람주니어 양측의 동의를 얻어야 합니다.

| 작가의 말 |

미움과 테러로 위기에 처한
인류의 삶을 인권 감성으로 지켜 내요!

　'인권' 하면 뭔가 복잡할 것 같고 실천하기 어려워 보이지요? 맞아요, 인권은 정말 어려워요. 인권은 인권이 '무엇인지를 아는 것'에서 출발해서 그것을 '실천'해야만 얻을 수 있으니까요. 게다가 모두의 인권이 존중받는 사회를 만들려면 우린 아직도 가야 할 길이 멀어요. 인류의 삶이 지속되는 한 일상 속에서 인권과 관련한 문제는 계속해서 일어날 거예요. 우리는 그때마다 고민하고 최선의 길을 찾아야 해요.

　여러분은 어쩌면 인권에 대해 '어른들이 지켜 내야 하고 우리는 결정된 것을 받아들이기만 하면 되는 거야.'라고 생각할지도 몰라요. 그렇지만 인권은 어린이든 어른이든 상관없이 배우고 실천해야 하는 거랍니다. 끊임없이 자신의 인권이 지켜지고 있는지 되돌아보아야 하고, 때로는 다른 사람의 인권을 위해 양보하는 법도 배워야 합니다.

　이 책에는 나인권 선생님 반 친구들이 '인권'을 알아가는 과정이 소개되어요. 글을 읽다 보면, '아, 이건 내 이야기잖아!' 하는 순간이 있을 거예요. '아하, 이런 것도 인권과 관계가 있구나!' 새삼 느낄 수도 있지요.

〈이야기 톡톡〉에서 친구들의 고민도 들어 보세요. '나도 그거 궁금했어!' 하고 무릎을 '탁' 칠 거예요. 그다음에는 인권에 대한 여러 가지 정보가 줄 줄이 이어 나옵니다. '음, 이 정도면 나도 인권 토론장에 나가서 내 의견을 말할 수 있을 것 같아.' 하는 자신감이 생기겠죠? 마지막으로 〈생각이 깊어지는 자리〉에서 여러분의 의견을 말해 보세요. 그러다 보면 진정한 인권의 세계로 들어갈 수 있을 거예요. 아! 나인권 선생님이 빙그레 웃는 모습이 눈앞에 선하네요.

 세계는 지금도 테러와 분쟁으로 많은 사람이 기본적인 삶도 제대로 꾸리지 못하고 있답니다. 이런 위기의 세상에서 우리를 구해 줄 유일한 희망은 '인권'이랍니다. 인권을 지켜 가고, 지켜 주는 삶을 누리며 평화를 꿈꾸기를 바랍니다.

2016년 만장봉이 내려다보고 있는
서울 누원초등학교에서 최종순

| 차례 |

1장
학교에서 만난 인권 이야기

1화 일기 검사와 인권·12
담임 선생님 이름은 나인권 | 사생활을 보호받을 권리
인권은 스스로 지켜야 해 | 사람으로서 당연히
누려야 하는 권리, 인권 | 생각이 깊어지는 자리

2화 나의 인권, 그럼 다른 사람의 인권은?·28
음악 시간에 생긴 일 | 도서실에서 생긴 일
인권, 불편함을 겪어야 하는 것 | 생각이 깊어지는 자리

3화 벌 청소 이야기·42
벌로 청소하긴 싫어 | 유엔 어린이 권리 조약
벌은 꼭 필요할까? | 규칙을 어겼을 때 우리가 생각해야 할 것
생각이 깊어지는 자리

4화 차별은 싫어요·60
깜치가 깜치로 불려서는 안 되는 이유 | 다문화 사회
인권 이야기 | 안 되면 모두 네 탓 | 누군가 희생해서
얻어 놓은 결과 | 생각이 깊어지는 자리

2장
지금 세계 어린이들은

5화 일하는 어린이 · 80
'우리 모두 잘 나가' 모둠 발표 | 초콜릿의 비밀
누구나 평등하게 태어나지는 않아 | 공정 무역이 필요해
생각이 깊어지는 자리

6화 교육받지 못하는 어린이 · 96
'배워서 남 주자' 모둠 발표 | 어린이 노동 | 베트남 거리의 어린이들
생각이 깊어지는 자리

7화 장애가 있는 어린이 · 110
'제각기 자기 빛깔' 모둠 발표 | 장애가 있는 사람의 인권
아동 인권이 걸어온 길 | 생각이 깊어지는 자리

8화 전쟁 속 어린이 · 124
어린이 병사 라케라 리리 | 히로시마 할머니의 원폭 경험 이야기
끊이지 않는 전쟁, 피할 수 없을까? | 생각이 깊어지는 자리

| 차례 |

3장
생활 속 인권 이야기

9화 일하는 사람의 권리 · 142
전태일과 노동 이야기 | 근로기준법이란 무엇인가요?
생각이 깊어지는 자리

10화 국경을 넘은 인권 · 154
베트남 아줌마 이야기 | 일본 사회 속의 한국인
생각이 깊어지는 자리

11화 우리 사회 소수자 이야기 · 168
서로 다른 종교 이야기 | 양심적 병역 거부
생각이 깊어지는 자리

4장
더 알고 싶어요, 인권

12화 인권이 걸어온 길 · 182
인권은 언제부터 시작된 거예요? | 우리나라 인권의 역사
생각이 깊어지는 자리

13화 인권을 위해 노력한 사람들 · 196
인권을 위해 노력한 사람들 | 불평등이 생기는 이유
생각이 깊어지는 자리

14화 정보화 시대의 인권 · 212
어진이의 일기 | 정보화 시대의 인권 | 생각이 깊어지는 자리

15화 우리에게 남은 나머지 숙제 · 222
우리의 인권은 우리가 지킨다 | 사람이 살아가는 데 필요한 권리
생각이 깊어지는 자리

1장

학교에서 만난 인권 이야기

1화 일기 검사와 인권

담임 선생님 이름은 나인권

어진이는 오늘부터 6학년이에요. 초등학교 6학년, 왠지 학교에서 무언가 한자리라도 한 듯한 느낌이 듭니다.

'이제 우리 위로 아무도 없어. 5학년 때까지는 형, 누나들 눈치 보면서 다녔는데, 이제는 당당하게 지낼 수 있겠지. 왠지 기분이 좋은걸.'

새 학년의 첫날. '담임 선생님이 누굴까?' '같은 반 친구들은 누가 될까?' 생각하면서 조금은 설레는 마음으로 교실에 들어섰어요.

"에이~~~."

"후유, 죽었다!"

아이들의 한숨 소리에 교실 문 쪽으로 고개를 돌리니 나이가 조금 들어 보이는 남자 선생님이 들어옵니다.

'아, 올해는 재미없겠다. 체육도 별로 안 할 테고, 잔소리도 많을 게 분명해. 힝, 어쩌면 좋아.'

아이들의 눈은 선생님의 움직임에 따라 데굴데굴 같이 움직이며 선생님을 관찰해요. 드디어 선생님께서 입을 떼셨어요.

"반가워요. 나는 앞으로 여러분과 함께 지낼 '나인권'이라고 해요."

몇몇 아이들이 키득거렸어요. 선생님은 눈을 크게 뜨고 키득거리는 아이들에게 물었어요.

"내 얼굴에 뭐 묻은 거라도 있나요?"

아이들에게 꼬박꼬박 존댓말을 하는 것도 별나고, 또 아이들의 행동 하나하나에 조심해 가면서 질문하는 모습도 아주 진지해요. 그러니까 더 걱정됩니다.

'저렇게 진지하게 일 년을 어떻게 보내지?'

도무지 즐겁게 생활할 수 있을 것 같지 않아요.

그때 선생님이 어진이의 귀를 의심하게 하는 말을 했어요.

"여러분, 나는 여러분의 인권을 위해서 일기 검사를 하지 않겠어요. 일기를 쓰고 안 쓰고는 여러분이 스스로 결정하는 겁니다."

아이들은 환호성을 지르며 좋아했어요.

"일기는 여러분 자신의 생활을 스스로 기록하고 되돌아보는 중요한 거울이에요. 그러므로 나는 여러분 일기를 걷지 않겠어요."

"우아~!"

선생님은 조용히 웃으며 아이들을 바라보셨지요. 하지만 어진이는 뭔가 좀 이해되지 않는 구석이 있었어요.

인권이 뭐예요?

> 사람이라면 누구나 누려야 하고, 또 방해 받아서는 안 되는 권리지.

'일기 쓰는 거랑 인권이랑 무슨 관계야? 일기 쓰기 대신 다른 것을 시키는 게 아닐까? 아, 잘 모르겠다. 선생님이 어떤 분인지 전혀 짐작이 안 되는군. 조용하고 차분하게 말씀하시는 거로 봐서는 그리 엄하시진 않을 것 같은데 말이야.'

그날 저녁, 어진이는 아버지에게 물었어요.
"아버지, 인권이 뭐예요?"
어진이의 질문에 아버지는 의아하다는 듯이 되물으셨어요.
"인권? 어진이가 인권에 관해 묻다니, 오늘 무슨 일이 있었니?"
어진이는 오늘 학교에서 있었던 일에 대해 말씀드렸어요.
아버지는 빙그레 웃으시며 이야기했어요.
"인권은 사람이라면 누구나 누려야 하고, 또 방해받아서는 안 되는 권리야. 어진이 선생님께서 일기와 인권에 대한 이야기를 하셨으니 아빠도 그것에 대해 먼저 이야기할게.

　아빠도 초등학교 다닐 때 일기를 썼단다. 그때 아이들은 일기 쓰기를 싫어했지. 바로 일기 검사 때문이었어. 일기는 하루하루, 자신의 생활을 기록하면서 성찰하기 위한 거잖아. 그러니까 비밀이나 고민을 적기도 한단다. 그런데 나 아닌 누군가 일기에 적은 비밀을 읽는다고 생각해 보렴. 아무에게도 말하고 싶지 않은 비밀을 들켜 버려서 많이 속상할 거야.

　언제부턴가 선생님들은 학급의 많은 아이를 이해하기 위해서 일기를 보기 시작했어. 물론 일기 검사를 통해 선생님이 문장을 올바르게 쓰고, 바른 생각을 할 수 있도록 조언해 주실 수 있지. 아빠도 선생님이 일기장에 편지의 답장 같은 글을 써 주시면 그것이 좋아서 열심히 쓰곤 했어. 그렇지만 그 때문에 일기에 나의 비밀이나 솔직한 생각을 다 쓰지는 못했지. 일기 검사하는 것이 싫을 때도 있었어.

　아빠는 나중에 일기장을 두 권 만들어서 하나는 쓰고 싶은 것을 쓰고, 다른 하나는 학교에 냈지. 담임 선생님이라고 해서 마음대로 볼 수 있다는 것이 싫었거든.

　그러고 보니 어진이 담임 선생님은 멋진 분이구나. 어진이가 '자신만의 비밀을 가질 수 있는 권리'를 먼저 생각해 주시니 말이야."

이야기 톡톡!

해찬이 : 저는 제 개인적인 이야기를 집에서도 학교에서도 잘 하지 않아요. 엄마 아빠는 왜 숨기는 것이 많냐고 잔소리하시고, 친구들은 비밀이 많은 아이라고 잘 놀아 주지 않아요. 단지 개인적인 일을 모두 이야기하고 싶지 않을 뿐인데……. 가까운 사이면 뭐든지 다 이야기해야 하나요?

나인권 선생님 : "이건 내 프라이버시거든. 그래서 말할 수 없어." 요즘 주변에서 많이 듣는 이야기입니다. 사람들은 다른 사람의 사생활에 대해 많이 궁금해하지요. 또, 다른 사람의 사생활을 많이 알고 있으면 친하다고 생각해요. 농업 사회에서는 개인보다는 공동체를 중요하게 여겼기 때문에 그렇게 생각하기 쉬웠지요. 조금만 친하면 왠지 자기의 이야기를 전부 털어놓아야 할 것처럼 느껴지는 것도 어쩌면 이러한 사회 분위기 때문일 수도 있어요. 하지만 친한 친구라도 이야기할 수 있는 것이 있고, 이야기할 수 없는 것도 있어요. 아직 다른 사람의 사생활을 지켜 주어야 한다는 인권에 대한 생각이 없었기 때문에 일어난 일이지요. 혼자 고민하지 말고 이번 기회에 적극적으로 '사생활을 보호받을 권리'에 대해 생각해 봐요.

사생활을 보호받을 권리

모든 국민은 사생활의 비밀과 자유를 침해받지 아니한다.

개인의 사생활에 대한 헌법 제17조입니다.

대한민국의 국민이라면 누구나 다 위 헌법에 따라 개인의 비밀을 보장받을 자유가 있지요.

개인의 사생활을 우리는 '프라이버시'라는 말로 표현하기도 합니다. 프라이버시가 보장되어야 한다는 말을 들어 본 적이 있을 거예요. 왠지 프라이버시를 주장하는 사람을 보면 비밀이 많아 보이지만, 사실은 그렇지 않아요. 프라이버시에는 숨겨야 할 비밀뿐만 아니라, 남에게 말하고 싶지 않은 평범한 일상도 포함되거든요.

요즘 들어 우리 사회에서는 개인의 사생활을 침해하는 사건이 자주 일어나고 있습니다. 인터넷이 발달하면서 개인에 대한 여러 가지 정보가 마음대로 사용된다든지, 혹은 국가 정보기관이 개인의 사생활을 몰래 조사하는 일이 공공연히 일어나고 있어요. 이런 행위는 모두 헌법에 어긋나는 것이지요.

헌법뿐만 아니라 '세계 인권 선언 12조'에서도 개인의 인권 보호를 규정하고 있습니다.

**누구도 자신의 사생활, 가족 관계, 가정 또는 타인과의 연락에 대해 외부의 자의적인 간섭을 받지 않으며 자신의 명예와 평판에 대해 침해받지 않는다.
모든 사람은 그러한 간섭과 침해에 대해 보호를 받을 권리가 있다.**

인권은 스스로 지켜야 해

세계 인권 선언에 관한 글을 읽으면서 어진이는 궁금한 점이 더욱 많아졌어요. 세계 인권 선언까지 있는데, 사람들은 왜 이것을 지키지 않는 것일까? 왜 아직도 서로 미워하고 갈등하고 싸움을 하는 것일까? 어진이가 궁금해하고 있을 때 아버지는 영화 한 편을 보여 주시며 이렇게 말씀하셨어요.

" '인권은 사람이 태어나면서부터 존재하는 것' 이라고 말하지만 모든 사람이 다 평등하고 사람으로서 같은 권리를 지니고 있다고 인정한 것은 그리 오래되지 않았단다."

어진이가 본 영화의 내용은 1930년대 남아프리카 공화국에 있었던 일을 그린 것으로, 한 백인이 인종 차별 정책에 맞서 싸우는 이야기였어요.

남아프리카 공화국은 영국의 식민지였던 나라로, 독립한 이후에도 백인들은 그 지역의 원주민을 지배했어요. 인종 차별 정책을 당연하게 생각해서 백인과 흑인은 사는 지역도, 사는 방법도 달랐어요. 흑인은 교육도 제대로 받지 못했지요.

그 당시에 남아프리카 공화국에 사는 백인은 그렇게 사는 것이 당연하다고 생각했어요. 흑인을 멸시하면서도 두려워했지요. 영화 속에서 한 백인은 다른 백인에게 이렇게 질문해요.

"당신은 흑인을 만나서 이야기한 적이 있습니까?"

"없어요."

"그런데 당신은 왜 그 사람들을 멸시하지요?"

이 말에 백인은 자신을 되돌아보았어요. 그리고 흑인들을 만나서 그들의 따뜻한 마음에 감동하게 되었지요.

인종 차별 정책을 없애려는 몇몇 사람들은 권력에 맞서 싸우면서 다치기도 하고 죽기도 했어요. 그러나 그런 싸움을 통해서 사람의 권리를 찾으려 하고, 미래의 평화를 만들어 가려고 했지요.

어진이는 흑인이라는 이유만으로 폭행당하는 것을 보고 마음 아팠고, 그들을 위해 싸우다 죽어 간 많은 사람을 보면서 눈물이 났어요.

아버지는 어진이에게 말했어요.

"세계 인권 선언문이 있지만, 선언문에 적힌 대로 다 지켜지는 것은 아니야. 그래서 이 세상에는 자신의 인권을 지키기 위해 노력하는 사람들이 많이 있지. 가깝게는 우리나라에서 일하는 이주 노동자들이 그렇고, 일본에 사는 재일 조선인들도 그래. 그러니까 인권을 지키는 일은 현재 진행형이란다.

우리가 지금부터 배우고 느끼면서 지켜야 할 인권에는 때로 싸워서 얻어 내야 하는 것도 있어. 지금까지 당연하다고 생각했던 것에 질문을 던져 보렴. 그러려면 너의 처지가 아닌 다른 사람의 처지에서 생각해 보는 것이 중요하단다."

이야기 톡톡!

해랑이 : 나는 학교 수업을 마치고 집에 오면 조금 쉬고 싶어요. 그런데 언니는 늘 나에게 잔소리를 합니다. 엄마랑 아빠가 일하니까 집안일은 우리가 해야 한다고요. 나도 알아요. 그렇지만 나는 먼저 쉬고 싶어요. 나는 쉴 권리가 없는 걸까요? 언니를 어떻게 설득해야 할까요?

나인권 선생님 : 어린이라면 누구나 일하지 않고 쉬어야 할 권리가 있습니다. 〈어린이 인권 선언문〉에도 나와 있지요. 그렇지만 생활 속에서 어린이 인권 선언문에 쓰인 대로 실천하기란 쉬운 일이 아니에요.
인권은 주어진 것이기도 하지만, 지키기 위해서는 때로 험한 길도 걸어야 하지요. 내가 겪고 있는 어려움을 그냥 참고 견디기만 한다면 나아지는 것이 없기 때문이에요. 마틴 루서 킹 목사는 흑인과 백인의 동등한 시민권을 얻어 내기 위해 평생을 노력했어요.
우리 사회에서도 인권을 찾기 위해 싸웠던 분들을 찾아볼 수 있어요. 혹시 전태일 열사를 알고 있나요? 나쁜 환경에서 일하는 어린 노동자의 권리를 위해 자신의 몸을 불사르고 돌아가셨지요.
지금 우리가 당연하게 '누리고' 있는 인권은 역사 속 누군가가 자신을 희생해 만들어 놓은 거예요.

언니에게 학교에 다녀와 쉬고 싶은 마음을 충분히 전달해 보세요. 말을 하지 않으면 해랑이 친구가 얼마나 피곤한지 알 수 없거든요. 먼저 알아주기를 바라기보다 자신의 처지를 설득력 있게 이야기하는 것이 중요하답니다.

사람으로서 당연히 누려야 하는 권리, 인권

지구 상에는 몇십억 명의 사람이 살고 있어요. 그 사람들이 바라는 것이 모두 다 같지는 않겠지요. 예를 들면 어진이는 책을 읽고 생각하기를 좋아하고, 현수는 밖에 나가 즉흥적인 놀이를 하는 것을 좋아해요. 어머니는 집에서 음악을 듣고 동네 아줌마들과 이야기하는 것을 좋아하는 한편, 아버지는 휴일에 들로 산으로 나가 캠핑하는 것을 좋아해요. 이렇게 다 다른 사람들의 취향과 생각을 모두 존중해 줄 수 있는 사회가 가능할까요?

사람으로서 당연히 누려야 하는 권리를 '인권'이라고 해요. 그런데 취향도 생각도 다른 사람들이 각각 당연히 누려야 한다고 말하는 것이 다를 텐데, 그 권리를 어디까지라고 말할 수 있을까요?

사람들은 함께 생활해 오며 모순이나 갈등을 해결하는 과정에서 '사람의 존엄성'을 새삼 깨닫게 되었고, 사람의 존엄성을 지키기 위해 '사람으로서 당연히 누려야 하는 권리'에 대해 논의하기 시작했어요. 그 결과, 20세기가 되면서 인권은 비로소 모든 사람이 '일반적으로 인정할 수 있는 권리', '누구에게나 있는 권리'로 인정받게 되었지요.

12월 10일은 유엔이 선택한 '세계 인권의 날'이에요. 이 인권의 날이 생긴 것은 1948년이었어요. 사실 세계 인권의 날이 정해지고, 선언문이 작성되기까지는 여러 과정이 있었어요.

그 가운데 제2차 세계 대전 중의 인종 차별주의가 중요한 원인이 되었지요. 독일의 히틀러는 '국가 사회주의'라는 명분을 내세워 자신들이 다른 민족보다 우월한 존재라고 주장했어요. 그리고 그 이유만으로 다른 민족을 죽이는 범죄를 저질렀어요.

'한 민족이 자신들이 우월하다는 이유만으로 다른 민족의 소중한 생명을 짓밟아도 되는 걸까?' 많은 사람이 이런 의문을 가졌고, 결국, 그것은 잘못된 것이라는 판단을 하게 되었어요.

이 과정에서 인류가 보편적으로 지켜야 하는 '세계 인권 선언문'을 작성한 거예요.

> 인류 가족 모두의 존엄성과 양도할 수 없는 권리를 인정하는 것이 세계의 자유, 정의, 평화의 기초다. 인권을 무시하고 경멸하는 만행이 과연 어떤 결과를 초래했는지를 기억해 보라. 인류의 양심을 분노케 했던 야만적인 일들이 일어나지 않았던가?
> 그러므로 오늘날 보통 사람들이 바라는 지고지순의 염원은 '이제 제발 모든 사람이 언론의 자유, 신념의 자유, 공포와 결핍으로부터의 자유를 누릴 수 있는 세상이 왔으면 좋겠다.'는 것이리라.

사람으로서 누려야 할 기본적인 권리를 지키고 실천하는 삶이 우리가 사는 사회를 평화롭게 한다는 세계 인권 선언은 아직도 다툼과 갈등이 많은 지구 상에 우리가 반드시 이루어야 할 숙제이기도 해요.

생각이 깊어지는 자리

❋ 다음 글을 읽고 생각해 보세요.

　재석이네 학급에서는 아침에 등교하자마자 휴대 전화를 선생님 책상 위에 있는 상자 안에 넣어 둡니다. 재석이는 아침에 지각하는 바람에 정신이 없어 휴대 전화 내는 것을 잊었어요.
　음악 교과 시간에 노래 부르는 것이 조금 지겨워서 휴대 전화로 게임을 하다가 음악 선생님에게 주의를 받았어요. 음악 선생님은 수업 시간 동안 휴대 전화를 맡아 주시고, 담임 선생님에게 연락했어요. 수업에 방해가 된다고 말이지요.
　그날, 재석이는 교과 시간에 휴대 전화를 사용한 일로 벌 청소를 했어요.

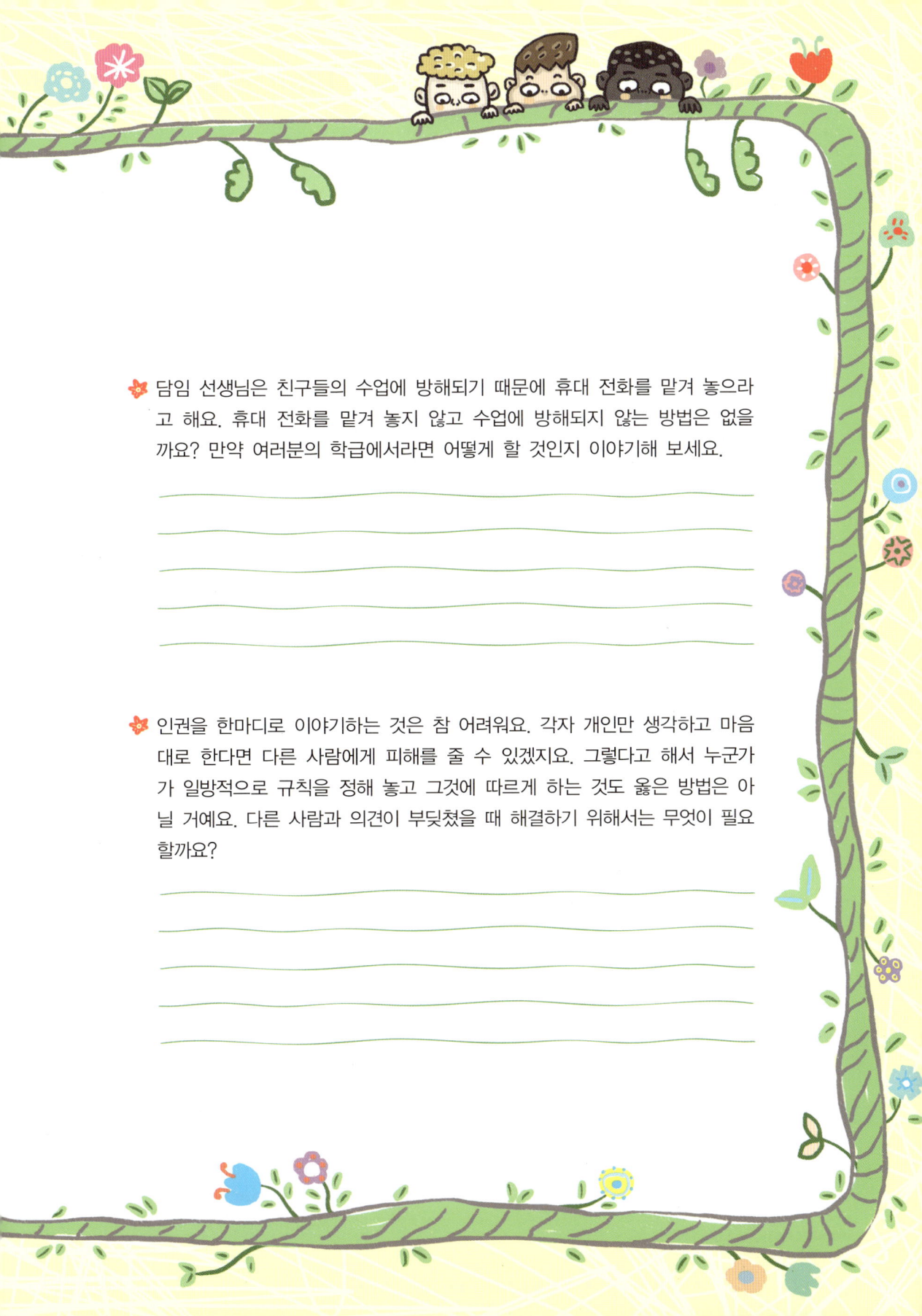

❋ 담임 선생님은 친구들의 수업에 방해되기 때문에 휴대 전화를 맡겨 놓으라고 해요. 휴대 전화를 맡겨 놓지 않고 수업에 방해되지 않는 방법은 없을까요? 만약 여러분의 학급에서라면 어떻게 할 것인지 이야기해 보세요.

❋ 인권을 한마디로 이야기하는 것은 참 어려워요. 각자 개인만 생각하고 마음대로 한다면 다른 사람에게 피해를 줄 수 있겠지요. 그렇다고 해서 누군가가 일방적으로 규칙을 정해 놓고 그것에 따르게 하는 것도 옳은 방법은 아닐 거예요. 다른 사람과 의견이 부딪쳤을 때 해결하기 위해서는 무엇이 필요할까요?

2화 나의 인권, 그럼 다른 사람의 인권은?

음악 시간에 생긴 일

    어진이네 반에서는 '인권'이라는 말을 스스럼없이 쓰게 되었어요. 담임 선생님의 이름도 '인권'이라서 아이들은 '인권'이라는 말을 할 때 선생님 이름을 부르는 것만 같아 조금 어색했지만, 한편으로는 즐거웠어요. 선생님의 이름을 마구 부를 수 있다는 것은 지금까지 학교생활을 생각하면 어림없는 일이었지만, 어진이네 반에서는 그럴 수 있었지요.

    나인권 선생님은 아이들 사이에 작은 충돌이나 갈등이 생겼을 때, '인권'을 먼저 생각해요. 그런데 갑자기 아이들의 인권이 지켜지면서 여러 가지 문제가 생기기 시작했어요.

    아이들은 무슨 일만 생기면 '인권'이라고 외치면서 자기만의 생

각을 주장하기 시작했어요. 그러면 상대방 아이들도 같이,

"그럼 내 인권은 어떻게 되는데?"

하고 대들면서 다툼이 시작되었어요. 인권, 인권, 인권이라는 말이 쉬는 시간 내내 오가면서 말다툼하는 아이들의 모습이 교실 여기저기에 보였어요. 그러다 결국, 나인권 선생님까지 곤란해지고 말았지요.

음악 시간이었어요. 오늘부터 단소 연주를 시작하기로 했지요. 준비물로 단소를 챙겨 와야 하는데, 아이들 가운데 절반 정도가 단소를 가지고 오지 않았어요.

음악 선생님은 어쩔 수 없이 단소를 가지고 온 아이들은 단소를 연주하고, 나머지 아이들은 리코더를 연습하거나 친구의 단소 연주를 감상해도 된다고 했어요. 그러자 아이들은 마음 놓고 장난치고 놀았어요. 음악 선생님은 수업 시간에 잘못해도 크게 야단치지 않는다는 걸 알고 있었기 때문이었지요.

음악 선생님이 몇몇 아이들을 불러서 주의를 시켰지만, 장난꾸러기 아이들은 다른 친구들이 연주하는 것을 방해하면서 선생님 말씀을 듣지 않았어요.

음악 선생님은 결국, 화를 냈어요. 장난치던 아이들에게 교실 앞에서 칠판을 보고 서 있으라고 했지요. 그러자 진서가 선생님에게 따졌어요.

"선생님, 이렇게 벌을 세우시는 것은 우리의 인권을 무시하는 거 아닌가요?"

진서의 말에 아이들은 모두 놀랐어요. 물론 음악 선생님도 놀랐지요.

"음악 시간에 준비물도 가지고 오지 않고, 다른 친구들의 수업까지 방해한 것에 대해서는 어떻게 생각하지요?"

음악 선생님이 이렇게 묻는데도 진서는 꿈쩍도 하지 않고 선생님에게 '우리들의 인권을 지켜 주지 않는 선생님'이라고 말했어요. 분위기가 아주 험악해졌어요. 아이들은 음악 선생님도 진서도 걱정되었어요. 그때 마침, 수업이 끝났음을 알리는 종이 울렸어요. 음악 선생님은 아이들을 자리에 앉게 한 다음, 이렇게 이야기했어요.

"여러분 담임 선생님이 인권을 소중하게 생각하시는 분이라는 것은 잘 알고 있어요. 여러분도 선생님의 가르침으로 '인권'을 생각하면서 생활하는 것은 좋은 일이에요. 그러나 인권은 자신에게만 좋은 쪽으로 지켜지는 게 아니에요.

나보다는 여러분의 담임 선생님이 인권에 대해 더 많이 생각하고 실천하면서 생활하시니까 여러분 학급에 돌아가면 오늘 수업 시간에 있었던 일에 관해 이야기해 보았으면 좋겠어요.

선생님은 여러분의 토론 결과를 듣고 싶어요. 혹시 나에게 뭔가 건의한다면 기꺼이 받아들이겠어요. 즐거운 음악 시간에 이런 일이 생긴 것이 그리 기분 좋은 일은 아니지만, 여러분이나 나나 인권에 관해 다시 생각해 볼 기회가 될 거예요. 그럼, 오늘 수업은 여기서 마치겠어요."

회장인 신원이가 음악실에서 생긴 일을 담임 선생님에게 전해 드렸어요. 우리는 수업을 마친 다음, '음악 시간에 생긴 일'에 관해 이야기를 나누었어요.

아이들이 나눈 이야기는 다음과 같았어요.

- 준비물을 가지고 오지 않은 아이들은 혼내 주어야 한다.
- 그렇다고 벌을 세우는 것은 옳지 않다.
- 준비물을 가지고 오지 않아서 수업을 못 하게 되면 다른 활동을 할 수 있게 해 주어야 한다.
- 오늘 음악 선생님은 리코더를 연습하거나 다른 친구들의 단소 연주를 들으라고 했는데, 그것을 지키지 않은 아이들이 잘못이다. 그러니까 벌을 받은 것은 당연하다.
- 착실하게 자기 활동을 하는 아이들을 방해한 것은 잘못이다.
- 그렇다고 해도 인권은 지켜져야 한다.
- 수업해야 하는 선생님의 권리는 어떻게 되는 거지?
- 늘 준비물을 가지고 오지 않는 아이들은 어떻게 해야 할까?
- 배우는 우리도 잘해야지 선생님도 잘하신다. 그러니까 우리가 더욱 잘해야 한다.
- 선생님의 생각을 잘 들어야 우리의 생각도 말할 수 있다.
- 만약에 선생님의 생각이 잘못되었으면 그때는 어떻게 해야 할까?
- 그럴 때는 용기를 내서 우리의 생각을 말해야 한다. 그렇지만 오늘은 장난친 아이들이 잘못한 거니까 벌을 섰어도 할 말이 없는 거다.

아이들의 이야기를 듣고 있던 선생님이 말씀하셨어요.

"애들아, 자신의 인권을 보호받기 위해서는 자신이 속한 사회에 일종의 의무를 져야 한단다. 예를 들면 수업 시간에 약속한 것을 먼저 지키고, 그다음 자신의 인권을 주장할 수 있다는 말이지. 그런데 오늘은 그것부터 어긋난 것 같구나.

그렇다고 해서 다른 사람의 인격을 다치게 하는 벌이나 폭력이 정당하다고 말할 수는 없단다. 오늘 음악 시간에 너희가 겪은 일은 '인권'을 배워 가는 데 아주 소중한 경험이 될 거야. 이번 기회를 통해 너희가 속한 공동체에서 어떻게 행동해야 하는지 배울 수 있다면 말이야.

　나는 너희가 이번에 많은 것을 배울 거라고 생각한다. 그러니 음악 선생님에게 감사하다고 말씀드려야겠다.

　아마 음악 선생님도 너희가 스스로 생각해서 배워 가고 자신의 것으로 만들어 가기를 바라고 계실 거야. 진서는 오늘 있었던 일을 생각하고 '나의 인권, 그럼 다른 사람의 인권은?'이라는 제목으로 글쓰기를 해 보렴."

도서실에서 생긴 일

오늘 학교 도서실에서 생긴 일이에요.

어진이가 수업을 마치고 영어 학원에 가기까지 시간이 좀 남아서 모처럼 책을 읽기 위해 도서실에 들렀지요. 그런데 그곳에 반 여자아이들 두 명이 있었어요.

아이들은 도서실 서가 구석에 앉아 열심히 수다를 떨었어요. 그러자 도서실 선생님이 그쪽으로 가셔서 조용히 해 달라고 부탁했지요. 그렇지만 두 아이는 아랑곳하지 않고 계속 떠들었어요. 게다가 나중에는 손뼉을 치며 큰 소리로 웃어 댔지요.

다시 도서실 선생님이 가셨지요.

"조용히 해 달라고 하지 않았니? 도서실에서 이렇게 떠들면 안 되는 것 알고 있지? 6학년이면 동생들을 생각해서라도 조용히 해야지."

두 아이는 기분이 나빠 보였어요.

"흥! 사서 자격증도 없으면서 무슨 사서를 한다고 그래?"

"무슨 자격으로 우리에게 잔소리지? 우리 가자!"

두 아이는 선생님이 듣건 말건 상관없이 큰 소리를 내고 도서실을 나섰어요.

두 아이의 뒷모습을 바라보던 선생님의 얼굴이 슬퍼 보였어요. 어진이도 마음이 불편해졌어요.

이야기 톡톡!

관영이 : 우리 엄마는 요리 전문가예요. 어려서부터 할머니에게 요리를 배워서 누구보다 더 맛있는 음식을 만들어 내지요. 그런 엄마가 요즘 취직을 하려고 하는데 요리 자격증이 없어서 취직이 잘 안 된다고 실망하고 있어요. 엄마에게 어떻게 용기를 줄 수 있을까요? 정말 자격증이 그렇게 중요한 것일까요?

나인권 선생님 : 우리 사회는 그 사람이 가지고 있는 진짜 능력보다는 자격증만 보는 경향이 있어요. 결코 좋은 현상은 아니라고 생각해요. 하지만 그런 시대에 관영이와 관영이 어머님이 생활하고 있는 거예요. 그러니까 실망하기보다는 이런 분위기를 어떻게 바꾸어 볼 수 있을지 생각하는 것이 더 도움되겠네요. 혹시 알아요? 나중에 진짜 능력 있는 사람이 자격증 없이도 인정받는 사회를 만드는 데 관영이의 노력이 한몫하게 될지 말이에요.

인권, 불편함을 겪어야 하는 것

인권은 때로 불편하게 느껴질 수 있어요. 나 혼자만 생각하고 행동하는 것이 아니라, 내 주변의 많은 사람을 생각하면서 행동해야 하기 때문이지요. 사람은 '사회적 동물'이라고 하지요. 하지만 가끔은 로빈슨 크루소처럼 혼자 살고 싶다는 생각을 할 때도 있을 거예요. 사람이라면 누구나 한 번쯤 그런 생각을 하지요. 하지만 우리는 다 같이 모여서 살고 있고, 그 공동체에 살고 있는 어느 누군가가 힘들면 결국에는 나도 힘들어져요.

일본에서 공부하고 있을 때였어요. 처음엔 여러 가지로 생활이 불편했어요. 동네에 있는 가게들이 저녁 6~7시가 되면 다 문을 닫았거든요. 저녁에 무언가 필요해서 물건을 사려면 2~30분 걸어 역까지 가야만 큰 가게에서 물건을 살 수 있었지요. 이러한 불편함을 일본인 친구에게 이야기했어요. 그랬더니 그 친구가 나에게 이런 말을 했지요.

"가게에서 일하는 사람도 가정이 있으니까 가족과 저녁도 먹고 이야기도 나누어야 하지 않을까? 그러니까 정해진 시간에 가게를 운영하는 거야. 대체로 일본에서는 저녁 식사 무렵이면 동네 빵집이나 가게는 문을 닫아. 그러니까 너도 필요한 것은 미리미리 사다 놓는 것이 좋아."

친구의 이야기를 듣고 조금 부끄러워졌어요. 우리는 소비자는

'왕'이라고 하면서 물건을 파는 사람들에게 여러 가지 서비스를 요구하는 일이 많지요. 그렇지만 그 일을 하는 사람이 내 가족이라고 생각한다면 내가 조금은 불편해도 참을 수 있을 거예요.

마틴 루서 킹 목사가 자신만 생각했다면, 전태일 열사가 자신의 편안함만을 찾으려 했다면 우리 사회가 지금과 같은 모습으로 바뀌었을까요?

그렇지 않아요. 그래서 인권은 '나를 지켜 주는 중요한 권리'이기도 하지만 동시에 다른 사람의 인권을 위해 '불편함을 겪어야 하는 것'이라고 생각해요. 불편하더라도 조금 참고 우리 모두 사람답게 살 수 있는 사회로 만들어 가는 것이 더 좋은 길이 아닐까요?

생각이 깊어지는 자리

❋ 어진이가 교실에 들어가니 아이들이 게시판에 몰려 있어요. 가방을 놓고 가 보니 음악 선생님의 편지가 한 장 붙어 있었어요.

    얘들아!

    나는 너희가 '인권'을 생각하고 스스로 권리를 찾으려고 하는 행동에 관해 크게 칭찬하고 싶어. 사람이라면 누구나 누려야 하는 권리, 인권을 아는 것은 정말 중요하지. 그리고 그것을 실천하는 일은 더 중요해.

    너희가 학교에 와서 무언가를 배울 권리, 또 자유롭게 지낼 권리가 있다면 선생님은 너희에게 가르쳐야 할 의무가 있다는 것도 생각해 주렴. 그래서 선생님은 때로는 준비물을 가져오지 않은 아이들을 나무라기도 하고, 원하지 않지만 벌을 세우기도 하지.

    어제 진서의 행동을 보면서 선생님은 마음속으로 슬프기도 하고 안타깝기도 했어. 또, 내가 너희를 잘 설득하지 못한 부분도 있으니까 내가 더 노력해야겠다고 생각했지. 교사인 내가 너희에게 요구하는 것은 강제적으로 무언가를 배워야 한다는 것이 아니라, 배울 필요성을 스스로 느끼고 답을 찾아가는 시간을 갖게 하는 거라고 생각해. 그렇지만 현실적으로 시간도 부족하고 여러 가지 어려움이 있어.

    그래서 나는 이 편지를 통해서 너희에게 부탁하려고 해.

부디 생각하면서 성숙하는 너희가 되기를 바라고, 또한 음악 시간을 너희 인생에 도움이 되는 배움의 장으로 생각해 주었으면 좋겠구나.
그럼, 다음 음악 시간에 만나자.

음악 선생님이.

❀ 여러분 주변에서 위와 같은 상황이 벌어진 적은 없나요? 그랬다면 어떤 방법으로 문제를 해결했나요?

❀ '벽 보고 서 있기'와 같은 간접적인 체벌은 허용해도 좋을까요? 여러분은 어떻게 생각하나요?

❀ 즐거운 음악 시간을 만들기 위해 어린이 여러분, 또는 선생님이 노력해야 할 일에는 무엇이 있다고 생각하나요?

3화 벌 청소 이야기

벌로 청소하긴 싫어

"어, 재민아! 왜 이제 집에 가니?"

어진이는 영어 학원 수업을 마치고 집에 가는 길에 학교 뒷문에서 나오는 재민이를 보고 말을 걸었어요.

재민이는 어진이의 질문에 웃으며 대답했어요.

"벌 청소했어. 4층부터 1층까지 계단 청소."

"뭐 잘못했니?"

"응, 숙제를 안 했거든. 사실 안 한 게 아니라 못 한 건데."

재민이가 이어서 말했어요.

"이해가 안 가. 일본에서 학교 다닐 때 청소는 다 같이 했어. 벌로 청소를 시키는 일은 없었지. 그리고 내가 왜 숙제를 못 했는지

선생님은 알려고 하시지 않아. 실은 나 벌 청소 몇 번 했어. 다른 친구들은 다 집에 가는데, 나만 집에 못 가고 혼자 청소하니까 속상해."

재민이는 여기까지 말하고 눈물을 글썽였어요.

재민이는 일본에서 살다가 한국으로 온 아이예요. 아버지가 젊은 시절에 일본 회사에서 일했다고 해요. 그곳에서 만난 어머니와 결혼해서 재민이가 4학년 때까지 일본에 살았어요. 그 이후 재민이의 할머니가 이제 한국에 들어와 살라고 해서 지난해 왔어요.

일본에 살 때도 아버지가 집에서 한국말을 했기 때문에 말하는 것에 큰 어려움은 없지만, 우리 글을 읽고 쓰는 것은 아직 좀 서툰 편이었어요. 그래서 종종 친구들에게 놀림을 받기도 했지요.

일본에서 살았으니까 일본 애니메이션이나 게임을 잘할 거라고 생각하는 친구부터 시작해서, '일본은 한국을 여러 번 침략한 나쁜 나라인데 왜 거기 살았어?' 하고 묻는 친구까지, 너무나 많은 질문을 해대는 바람에 처음에는 학교 가기가 싫었다고 해요. 다행히 어진이 어머니와 재민이 어머니가 친해서 어진이와 자주 만났고, 어진이와 마음속의 이야기도 나누었어요.

그렇지만 벌 청소에 대한 이야기는 한 적이 없어서 어진이도 지금까지 까맣게 몰랐어요.

"재민아, 우리 집에 가서 게임 하고 놀자!"

어진이는 재민이의 기분을 풀어 주고 싶었어요.

"그래, 엄마에게 전화해서 물어볼게."

"우리 집에 가서 전화하자."

"그래."

어진이의 집에 가서 재민이 어머니의 허락을 받고 둘은 신나게 놀았어요.

"얘들아! 나와서 부침개 먹으렴!"

어진이 어머니가 부르셨어요.

마루에 나와서 어머니가 부쳐 주신 김치부침개를 먹으며 이야기를 나누었어요.

"재민아, 아까 네가 이해할 수 없다고 하면서 일본에서는 벌 청소를 안 한다고 했는데, 그럼 일본 학교에서는 어떻게 청소해?"

어진이가 눈을 반짝이며 물었어요.

"내가 일본에서 학교 다닐 때는 청소 시간이 즐거웠어. 급식 시간이 끝나는 종이 울리면 놀이 시간이야. 아이들은 운동장, 도서실, 그리고 교실 또는 복도에서 자기가 하고 싶은 일을 하면서 놀지. 놀이 시간이 끝나는 종이 울리면 아이들은 자기가 맡은 청소 구역으로 가. 내가 일본에 있을 때 마지막으로 청소한 곳은 1학년 1반 교실이었어. 1학년 어린 동생부터 6학년 형, 누나들까지 모두 1학년 1반 교실에 모여. 청소 지도 선생님도 계시지. 하시다 선생님은 나이가 많은 여자 선생님이었는데, 무척 상냥하고 친절하셨어.

맨 처음 청소 교실에 모이면 6학년 형이 청소 계획표를 선생님에게 드려. 그럼, 선생님이 청소 담당을 알려 주시고, 아이들에게 물어보시지. 청소하기 어렵다고 생각하는 친구는 손들어 보라고. 그렇게 해서 1학년 1반 교실의 청소를 어떻게 할지 역할이 나누어져. 대체로 6학년 형, 누나들이 청소하기 어려운 곳을 맡고, 1학년 동생들은 칠판 닦기, 그리고 걸레 빨기 같은 것을 해. 20분이면 청

소를 다 끝낼 수 있어. 청소를 마치면, 6학년 형들이 교실을 다시 둘러보고 선생님에게 청소를 다 마쳤다고 이야기한 다음에, 교실로 돌아가서 5교시 수업을 해. 그러니까 별로 청소하는 일은 없어. 그런데 한국에 오니까 별로 청소를 해서 나는 적응이 잘 안 돼."

재민이의 이야기를 듣고 있던 어머니가 말씀하셨어요.

"어머, 그것참 좋은 생각이네. 청소는 우리가 생활하는 데 필요한 활동인데, 그것을 나쁘게 생각하지 않고 다 같이 나누어 하는 게 보기 좋구나. 학급 회의할 때 어진이가 재민이가 해 왔던 청소 방법을 제안해 보면 어떻겠니?"

"네, 알겠어요. 그렇지만 제가 이야기를 잘할 수 있을지는 모르겠어요."

재민이는 마음이 조금 편해졌어요.

해미 : 저는 오늘 벌을 섰어요. 그건 순전히 우리 엄마 때문이에요. 선생님이 오늘까지 가정통신문을 가져오라고 했는데, 엄마가 바쁘다고 챙겨 주지 않으셨거든요. 아, 억울해요. 벌은 왜 생긴 걸까요?

나인권 선생님 : 인류가 공동체를 만들어 생활하기 시작한 이후부터 '벌'이 생겼을 거라고 주장하는 학자들이 있어요. 인간은 사회적 동물이기도 하지만 자신의 이익을 먼저 챙기고 싶어 하는 강한 욕망이 있어서 그럴 거라고 이야기하지요.

인류 역사 속에서 '벌'이라는 개념의 온갖 형벌이 있었다는 것은 여러분도 잘 알고 있겠지요. 그 옛날 한반도에 고조선을 세운 단군왕검 시절에도 법이 있었어요. 사람을 죽이면 사형을 당하고, 남을 다치게 하면 곡식으로 갚아야 하며, 남의 것을 훔치면 노비가 되거나 돈으로 물어 주어야 했어요. 점차 이 형벌은 가혹한 행위로 이어지기도 했지요.

지금은 잘못을 저지른 사람의 인권도 보장되어야 하므로 잔인한 형벌은 차츰 없어지는 추세랍니다.

그런데도 '벌'은 우리 사회에 많이 남아 있습니다. 특히, 학교에 말이지요. 우리는 여럿이 모여서 같이 생활하므로 어쩔 수 없이 규칙을 만들기도 합니다.

일부러 규칙을 깨는 사람이 있는가 하면, 때로는 어쩔 수 없이 규칙을 어기는 사람도 있지요. 이런 사람들을 그대로 두면 사회가 어지러워질 수 있으니까 그것에 대한 '벌' 혹은 '책임'이 주어집니다.

그것이 사람에게 어떤 수치심이나 부끄러움을 느끼게 해서 그 잘못된 행동을 다시 하지 않게 하려고 만들어진 '어쩔 수 없이 만들어진 규칙'이라고 생각하면 될까요?

여기서 생각해 보아야 할 것이 있어요. 그 벌이 잘못을 저지른 사람의 양심을 건드려서 다음에 그런 행동을 하지 않는다면 가장 좋겠지만 그렇지 않은 예도 있지요.

아마 해미도 '난 잘못이 없는데, 괜히 혼나는구나.' 싶어서 억울했을 거예요. 그런데 선생님의 처지에서, 혹은 엄마의 자리에서 한 번 생각해 보세요. 그리고 해미 생각을 선생님과 엄마에게 전해 보는 것은 어떨까요? 그러면 해미도 엄마도 선생님도 다른 사람을 배려하면서 동시에 자신이 보호받을 수 있는 권리에 대해 생각해 볼 수 있지 않을까요?

유엔 어린이 권리 조약

유엔 어린이 권리 조약에는 이런 것들이 있어요.

하나. 부모들은 어린이들에게 최선의 것을 제공하며 길러야 하고, 국가는 그런 부모들이 필요한 시설이나 설비를 제공해야 한다.
하나. 부모들은 어린이들을 해칠 권리가 없고, 그런 위협으로부터 어린이들은 반드시 보호받아야 한다.
하나. 부모가 어린이의 권리를 해치면 어린이들은 특별한 보호와 도움을 받을 권리가 있다.
하나. 입양되는 어린이는 그 어린이에게 최선의 조건이 이루어질 수 있는 입양이 되도록 보장받을 수 있다.
하나. 나라가 어려움에 처해 그 나라를 피해 나온 난민 어린이의 경우 보살핌과 도움을 받을 권리가 있다.
하나. 장애가 있는 어린이도 다른 어린이와 같은 보살핌을 받을 수 있는 권리를 갖는다.
하나. 어린이는 건강할 권리가 있다.
하나. 나라가 보호하는 어린이의 경우, 국가는 정기적으로 어린이에 관한 모든 사항을 철저하게 심사해야 한다.
하나. 어린이는 사회보장의 혜택을 받을 권리가 있다.
하나. 어린이는 교육받을 권리가 있고 학교 규율은 어린이의 존엄성을 해쳐서는 안 된다.
하나. 어린이는 신체적, 정신적, 도덕적, 사회적 발달에 적합하고 적절한 생활 수준을 유지할 권리가 있다. 부모님은 이런 조건을 충족시켜야 하고, 이것이 어려우면 국가는 그것을 도와야 한다.

하나. 어린이는 교육을 통해 다른 사람의 권리를 이해하고 깨끗한 환경을 생각하며 책임질 줄 알고 평화롭게 살아가는 법을 배워야 한다.
하나. 소수집단이나 원주민인 어린이의 경우 그들의 문화나 종교를 가질 수 있고, 그들의 언어를 사용할 권리가 있다.
하나. 모든 어린이는 놀고 쉴 권리가 있다.
하나. 모든 어린이는 위험한 노동으로부터 보호받을 권리가 있고, 좋지 못한 환경에서 보호받을 권리도 동시에 있다.
하나. 모든 어린이는 자신의 몸을 해치는 것으로부터 보호받을 권리가 있다.
하나. 모든 어린이는 유괴되어서는 안 되며, 팔고 사는 행위로부터 보호받을 권리가 있다.
하나. 어린이가 잘못했을 경우 벌을 받아야 하지만 그렇다고 어린이의 자존감을 손상하게 해서는 안 된다.
하나. 모든 어린이는 전쟁하지 않을 권리가 있다.
하나. 모든 어린이는 여러 상황으로 상처를 입었을 때 회복할 수 있도록 보살핌과 치료를 받을 권리가 있다.
하나. 어린이가 범죄를 저질렀을 경우 처벌을 받을 수 있으나, 그것은 다시 건강한 사람이 되어 사회로 돌아갈 수 있게 하는 재교육을 받을 권리이다.
하나. 모든 사람은(어린이를 포함하여) 어린이 권리 조약을 배워서 알아야 할 권리가 있다.

벌은 꼭 필요할까?

　어진이네 반에는 여러 가지 지켜야 할 '학급 규칙'이 있어요. 규칙을 어긴 친구는 벌을 받지요. 그런데 오늘 어린이 회의 시간에 한 친구가 선생님에게 물었어요.
　"선생님, 벌을 주는 것은 인권을 무시하는 것이라고 생각하는데, 왜 벌을 주시나요?"
　그 친구의 질문에 선생님은 웃으며 좋은 질문이라고 했어요.
　"누가 이 질문에 대한 답을 하면 좋을 것 같구나. 나보다는 여러분의 생각이 중요하니까 말이야."
　아이들은 처음에 머뭇거리다가 한두 명 손을 들고 이야기하기 시작하자 많은 아이가 적극적으로 자기 생각을 이야기했어요.

아이들의 생각은 크게 두 가지로 나뉘었어요. 정리하면 다음과 같아요.

벌을 주는 것에 찬성한다.
공동생활을 하다 보면 여러 가지로 문제가 생긴다. 그때 말로 하기보다 벌을 주면 말을 잘 듣는다.

벌을 주는 것에 반대한다.
아무리 말을 안 들어도 벌을 주는 것은 정신적, 신체적 고통을 줌으로써 인권을 무시하는 것이기 때문에 없애야 한다.

아이들의 생각을 다 들으신 선생님은 이렇게 말씀하셨어요.

"두 가지 의견 모두 일리가 있어요. 그러나 어느 한쪽으로만 간다면 교실에서 수업을 제대로 할 수 없을지도 모릅니다. 이 두 가지 의견을 다 받아들이면서 해결할 수 있는 다른 좋은 방법은 없을까요?"

한 친구가 손을 들고 이야기했어요.

"저희는 선생님 의견도 듣고 싶어요. 그리고 학원도 가야 하는데 빨리 끝내 주세요."

아이들이 모두 와, 하고 소리를 지르며 손뼉 쳤어요. 그러자 선생님은 이런 제안을 했어요.

"여러분이 원하는 대로 들어줄 수 없는 상황도 있어요. 오늘 이야기는 무척 중요하다고 생각하는데요. 여러분이 그렇게 원한다면

서로 원하는 것을 얻을 방법을 찾아야 하지요. 내 제안은 오늘 숙제로 벌에 대한 글쓰기를 해 오는 거예요. 가능하면 위의 두 문제를 해결할 방법을 생각하면서 썼으면 해요."

"에이, 선생님 너무해요."

투덜거리는 아이들도 있었지만, 어쨌든 그날 수업은 그렇게 마무리되었어요.

이야기 톡톡!

현영이 : 우리 반에서는 학급 규칙을 어긴 친구에게는 벌을 줘요. 우리 선생님은 인권을 이야기하면서 동시에 학급 규칙도 지켜야 한다고 해요. 그래서 우리 반에서는 '벌은 없어져야만 한다.'는 주제로 토론하기로 했어요. 나는 벌에 대해 별로 아는 것이 없어요. 도와주세요. 무슨 말을 해야 할까요?

나인권 선생님 : 정말 현명한 어린이들이군요. 현영이의 반에서도 인권에 대해 관심을 기울이게 되었네요. 음, 먼저 현영이는 '벌'에 대해 어떤 생각을 하나요? 벌이 왜 없어져야 한다고 생각하나요? 그것을 뒷받침할 수 있는 근거를 함께 생각해 볼까요?

규칙을 어겼을 때 우리가 생각해야 할 것

인간은 사회적 동물입니다. 혼자서는 살 수 없다는 이야기지요. 여러 사람이 모여 살면 모두 자신의 이익과 편리함을 먼저 생각하게 되지요. 그러다 보면 우리 사회가 조금 혼란스러워질 수 있습니다. 그래서 우리가 모두 지켜야 할 규칙, 혹은 법이라는 것을 만들게 되지요. 그런데 이런 규칙이나 법도 우리 모두의 행복을 위해서 만들어진 것입니다.

그런데 살다 보면 이런 규칙이나 법을 어기는 경우가 생깁니다. 그러면 사회는 '법을 어긴 사람들을 위한 법'을 또 만들지요. 이를테면 '벌'이라는 이름으로 말입니다.

그러나 벌을 만들어도 사회의 규칙을 어기는 사람들이 줄어들지 않는다면 어떻게 해야 할까요?

누군가 규칙을 어겼을 때, 벌로 다스리기보다는 왜 그 사람이 규칙을 어겼는지 이야기를 들어 보아야 합니다. 혹시 장발장 이야기를 알고 있나요?

빵 한 조각 때문에 평생을 죄의 사슬에서 벗어나지 못했던 사람 말이에요. 미리엘 신부님은 그가 은접시를 훔쳐간 것을 알면서도 용서해 주었습니다. 왜 그랬을까요?

결국, 장발장은 미리엘 신부님에게 받은 은혜를 다시 가난한 사람에게 갚습니다. 그런데도 자비에르 형사는 끝까지 장발장을 처벌하려고 했지요. 무엇이 장발장을 변화시켰을까요? 미리엘 신부님이었을까요? 아니면 자비에르 형사였을까요?

우리는 완전하지 않은 사람입니다. 따라서 잘못된 일이 생겼을 때 그것을 법의 이름으로 처벌하기보다는, 그 잘못이 어디에서 비롯되었는지를 생각해 보고 해결해야 합니다.

생각이 깊어지는 자리

🌸 다음 글을 읽고 생각해 보세요.

: 우리에게 화장실 청소를 하라고 하는 것은 옳지 않아.

: 왜 옳지 않다고 생각하지?

: 화장실은 더럽고 냄새나잖아. 그런 곳을 청소하다니!

: 우리가 깨끗하게 사용하면 냄새나지 않을 텐데…….

: 그렇더라도 화장실 청소는 어린이에게 시키면 안 돼.

: 나는 그렇지 않다고 생각해. 집에서 화장실 청소, 누가 하니?

: 우리 엄마.

: 우리 집에서는 모두 돌아가면서 해. 학교 화장실도 우리가 쓰는 거니까 우리가 해야 하지 않을까?

: 그래도 화장실 청소를 어린이에게 시키는 것은 너무해.

: 난 우리가 살면서 생활하는 데 필요한 공간을 치우고 깨끗하게 하는 일은 해야 한다고 생각해.

❋ 학교에 다니면서 하기 싫은 일 가운데 하나가 청소일지도 모릅니다. 공부만 하면 되는데, 왜 청소까지 해야 할까요?

❋ 화장실 청소는 어른에게 부탁하면 된다거나 돈을 주고 화장실 청소하는 사람을 고용하면 된다고 말하는 이도 있어요. 여러분은 어떻게 생각하나요?

4화 차별은 싫어요

깜치가 깜치로 불려서는 안 되는 이유

"야, 깜치!"

"아, 또 깜치야? 내 이름은 도현이잖아. 도현이라고 불러 줘."

"그건 네 피부가 까무잡잡하니까 그렇지. 이따 수업 끝나고 피시방에서 만나자."

도현이는 피부가 검다는 이유만으로 아이들에게 '깜치'로 불립니다. 그날도 마찬가지였어요. 몇몇 개구쟁이 녀석들이 히죽거리며 도현이를 어깨로 툭 치고 지나가면서 집에 가방을 두고 피시방으로 오라고 해요.

도현이도 그런 친구들이 밉지는 않아요. 그저 장난으로 그러는 거고, 피부색이 까만 것은 사실이니까요. 도현이는 가끔 어머니에게 이렇게 묻기도 했어요.

"엄마, 우리 조상 중에 혹시 아프리카에서 살다 온 사람 있나요?"

도현이는 자신의 피부가 검은 것도, 아이들이 '깜치'라고 부르는 것에도, 크게 마음 상하지는 않았어요. 오히려 건강해 보인다고 칭찬하시는 어른들도 계시고, 자신도 피부가 검은 것이 마음에 들었거든요.

어느 날, 반에 전학생이 왔어요.

전학생이 교실로 들어오자마자 아이들은 '와!' 하고 함성을 질렀어요.

"야, 깜치! 너랑 피부색이 같은 애가 왔다."

"정말 똑같다."

아이들은 시시덕거리며 전학 온 아이와 도현이의 얼굴을 서로 번갈아 보았어요.

도현이도 웃었어요.

"하하하, 정말 나랑 똑같네."

선생님이 전학 온 아이를 소개했어요.

"여러분, 오늘 전학 온 새 친구를 소개할게요. 우리나라에서 가장 남쪽에 있는 해남 초등학교에 다니다가 부모님이 직장을 서울로 옮기는 바람에 우리 학교로 온 친구예요. 이름은 서수철이에요. 서울 생활이 낯설지도 모르니까 여러분이 잘 도와주세요. 자,

"자, 수철이도 인사하세요."

수철이도 인사하세요."

선생님의 소개가 끝났지만, 수철이는 머뭇거리며 고개를 들지 못했어요. 선생님이 웃으면서 말했어요.

"자, 고개를 들고 인사해 보세요. 어렵더라도 용기를 내서요."

수철이가 힘겹게 고개를 들고 인사했어요.

"저는 서수철입니다."

너무 작은 목소리라서 맨 앞줄에 앉은 아이들도 듣기 어려웠어요. 선생님이 상황을 정리하셨어요.

"자, 나는 수철이의 대변인이에요. 서수철입니다. 잘 부탁드립니다."

아이들은 손뼉을 쳐 주었어요.

도현이는 자기와 같이 피부가 까무잡잡한 수철이가 마음에 들어서 친해지고 싶었어요. 그러나 수철이는 쉽게 마음의 문을 열지 않았어요. 그러던 어느 날, 수철이가 쓴 글을 읽게 되었어요.

나는 학교 가는 것이 즐겁지 않다.
내 마음에는 무언지 모를 불안함이 있다.
아이들이 나를 놀리지 않을까?
내 피부가 검은 것도 마음에 안 든다.
그리고 내 눈은 왜 이렇게 크고 동그란 거지?
내 생김새 모든 것이 마음에 들지 않는다.
전에 학교에서는 나랑 같은 처지의 친구가 있어서 그래도 견뎠는데,
아버지가 직장을 옮기는 바람에 새 학교로 와서 나는 다시 불안하다.
우리 엄마는 필리핀 사람이다.
필리핀 사람인 것이 문제가 되는 것일까?
아버지는 나에게 엄마 나라의 문화와 한국의 문화를 다 알 수 있고,
또 엄마 나라말과 한국어를 다 하면 좋은 거라고 하는데,
왜 나는 자신감이 없을까? 내 마음을 친구들에게 이야기하고 싶은데,
아직 말할 용기는 나지 않는다. 다행히 선생님이 오늘 마음속의
어려움을 글로 써 보라고 하셔서 나는 용기를 내서 이 글을 쓴다.
'제발 친구들이 나를 놀리지 않았으면 좋겠다.'

수철이의 글을 읽은 도현이는 괜히 미안한 마음이 들었어요. 수철이가 두려워한 것은 엄마가 필리핀 사람이고, 엄마를 닮아서 피부가 검고 눈이 큰 것이 다른 아이들과 다르다는 것이었어요.

집에 돌아가 아버지에게 오늘 학교에서 읽은 수철이의 글에 대해 말씀드렸어요.

아버지는 신문을 내려놓으면서 말했어요.

"그래, 수철이란 친구가 힘들겠구나. 도현이가 옆에서 많이 도와주렴. 요즘은 나라와 나라의 경계가 무너지고 서로 왕래를 하면서 사는 세상이니까 생김새나 피부색이 다른 것은 그리 중요한 게 아니야."

"다음에 수철이를 집에 데리고 오렴. 놀면서 수철이 기분도 풀어 주고."

어머니가 거들었어요.

'그것도 좋지만 먼저 학교에서 선생님과 아이들이 다가서야 하지 않을까?'

도현이는 잠자리에 누워서 선생님과 아이들이 도현이 마음을 어떻게 풀어 줄 수 있을지, 학급 회의 때 건의해야겠다고 생각했어요.

이야기 톡톡!

수철이 : 내 고향은 반은 필리핀이고 반은 한국이에요. 엄마가 필리핀 사람이거든요. 내 생김새를 보면 가끔 이렇게 말하는 아저씨들이 있어요.
"야, 꼬마. 너희 엄마 동남아시아 사람이지?"
난 엄마가 필리핀 사람인 게 창피하지는 않지만, 그렇게 말을 거는 아저씨들을 만나면 두려워요. 이유는 나도 잘 모르겠어요. 나는 잘못한 것도 없는데요.

나인권 선생님 : 아, 수철이가 어려움을 겪고 있군요. 아직 우리가 다문화 사회에 대한 이해가 부족해서 일어나는 일이에요. 국가에서는 다문화 사회에 대한 이해를 넓히기 위해 여러 가지 노력을 하고 있지요. 조금 어려운 숙제지만, 서로 다른 문화를 가진 사람들을 이해하는 노력이 이루어진다면 앞으로는 수철이가 살기에 힘들지 않은 세상이 될 거예요.
그럼, 우리 다문화 사회가 무엇인지에 대해 알아볼까요?

다문화 사회

우리는 현재 다문화 사회에 살고 있습니다.

다문화 사회란 국제결혼이나 문화, 무역, 정치, 공연 등을 이유로 국제적으로 오가면서 만난 사람들이 한 사회에 모여 하나의 공동체를 이루면서 살아가는 것을 말해요.

21세기에 들어서 한국 사회도 많이 변하고 있습니다. 우리는 역사 시간에 우리 사회가 단일 민족으로 이루어졌다고 배워 왔어요. 하지만 여러 나라 사람이 함께 사회를 구성해 살아가는 지금, 이런 생각은 평화로운 공동체를 만드는 데 방해가 됩니다.

다문화 사회를 이루는 것 중의 하나로 다문화 가족이 있어요. 다문화 가족의 형태는 크게 네 가지로 나누어 볼 수 있지요.

첫째, 한국인 남자 혹은 여자가 외국인 남자 혹은 여자와 국제결혼을 하는 경우입니다. 두 번째는 외국인 근로자가 한국에서 결혼하거나 자기 나라에서 결혼한 부부가 한국에 와서 일하는 근로자 가족입니다. 세 번째는 북한에서 태어나서 한국에 왔거나, 또는 한국에서 한국인 또는 외국인을 만나 결혼한 북한 탈주민 가족입니다. 네 번째는 1인 가구로, 혼자 우리나라에 와서 일하는 외국인 근로자 혹은 외국인 유학생들이 있지요.

다문화 사회에 대한 문제의식은 세계 모든 나라가 가지고 있습니다. 그러나 한국은 다른 나라에 비해 상황이 조금 더 좋지 않다고 볼 수 있지요. 그것은 한국 사회가 갑자기 변화했기 때문입니다.

서구 유럽에서는 다문화 사회로 변화하는 데 150여 년이 걸렸다고 해요. 그러나 한국 사회에서는 이러한 변화가 최근 10~20년 사이에 벌어지고 있으니, 사회 구성원들이 조금 혼란스러울 수도 있겠지요.

지금까지 알고 있던 상식이 깨지기도 하고, 배워 왔던 것들이 변하기도 하니 말이에요. 그래서 차별과 갈등이 생기기도 하지요. 다른 문화가 낯설기도 하고, 몰랐기 때문에 생기는 일들이기도 하니까 우리는 다른 문화를 관용적으로 받아들이는 법을 배워 나가야 합니다.

인권 이야기

모든 사람은 자유롭게 살고 싶어 하고, 자신이 사는 공간이 어떤 위협으로부터 안전한 곳이기를 바라며, 행복하기를 바랍니다. 그래서 인권이 필요하지요.

인권은 '자연권'이라는 말로도 이야기해요. 사람이라면 누구나 당연하게 누려야 하는 천성 같은 것이기 때문이에요. 키가 크든 작든, 얼굴색이 검든 하얗든, 머리가 좋든 나쁘든 누구나 다 같이 똑같이 누려야 하는 권리지요.

그렇지만 인권에 대해 고민하고 실천해 온 역사는 비교적 짧은 편이에요. 우리는 아직도 인권에 대해 제대로 알지 못하는 것이 많고, 알고 있더라도 자기의 이익을 앞세워 행동하기 쉬워요.

일본의 유큐자와 후키치는 '사람 위에 사람 없고, 사람 아래 사람 없다.'라는 말을 해서 일본 사람들에게 인권의 소중함을 누구보다 먼저 이야기한 사람이에요.

그러나 그가 생각한 것은 일본 안의 일본 사람들에 대한 것이지, 그 당시 아시아 사람들 전체를 이야기한 것은 아니었어요. 그러니까 조선을 비롯한 다른 아시아 나라를 지배하는 강대국에 대해 어떤 말도 할 수 없었겠지요.

인권을 알고 지키는 일은 그만큼 어려운 일이라고 할 수 있어요. 지금도 우리 사회, 혹은 세계에서 인권이 짓밟히고 있는 사례를 많이 찾아볼 수 있지요.

같은 나라에서 전쟁을 벌이면서 서로를 죽이는 행위도, 싼 노동력으로 어린이에게 노동을 시키는 가혹한 행위도 그렇지요.

여러분 주변을 한번 살펴보지 않을래요? 여러분의 학교는 장애가 있는 어린이가 안전하고 쾌적하게 지낼 수 있는 환경을 가지고 있나요? 여러분 반에 장애가 있는 친구가 있다면 그 친구와 서로 협력하면서 생활하고 있나요?

조금만 생각해 보아도 우리는 생활 속에서 인권과 관련된 것들을 많이 찾아낼 수 있어요.

유엔이 인권에 대한 선언문을 작성하고 발표하기는 했지만, 만약 선언문을 만들지 않았다 하더라도 인권은 존재하는 거예요. 다시 표현하자면 인권은 애초부터 존재해 왔고, 인류가 멸망하는 날까지 인류와 함께 살아갈 것이라는 거지요.

안 되면 모두 네 탓

"오늘은 역사 이야기를 해 주어야겠다."
"역사 이야기 말고요. 무서운 이야기요."
진석이가 대표로 말하자 큰 박수가 따라 나왔어요.
"무서운 얘기! 무서운 얘기!"
손뼉까지 쳐 가면서 무서운 이야기를 해 달라고 해요. 그러자 선생님은 조용히 하라고 하시면서 역사 이야기이지만 무섭기도 하다고 하셨어요.
"와!"
아이들은 발을 구르면서 좋아했어요.
옆 반 김 선생님이 지나가다 교실 안을 들여다봅니다. 우리 선생님도 같이 웃었어요. 그리고 이야기를 시작하셨지요.

이번 여름 방학에 나는 일본에 다녀왔어요. 도쿄와 붙어 있는 지바 현의 지바 시라는 곳에 갔는데, 그곳에서 나이 드신 선생님을 만났어요. 그 선생님이 해 준 이야기를 여러분에게 전해 주려고 해요. 그분은 먼저 한국 사람에게 고개 숙여 사죄했어요. 그리고 말씀을 시작하셨지요.

> **일본 사람들이 한국 땅을 빼앗고, 한국 사람들을 차별하고, 그리고 일본에서 힘든 일이 있을 때마다, 한국 사람 탓으로 돌리면서 그토록 많은 한국 사람을 죽인 사실에 대해 진심으로 사죄드리고 싶어요. 그리고 지금까지 내가 몰랐던 역사를 배워서 내 주변의 일본 사람들에게 알리는 일을 죽을 때까지 하고 싶어요. 요즘 내가 하는 일은 1923년 9월에 일본 관동 대지진 당시 일어났던 일들을 사람들에게 알리는 일이에요. 관동 대지진이 일어나자 일본의 민심은 흉악해졌어요. 일본은 지진이 일어나면서 조선인들이 폭동을 일으켰다는 유언비어를 퍼뜨렸지요. 겁이 난 일본 사람들은 죽창과 몽둥이를 들고 조선인만 보면 무조건 죽였어요. 그 수가 6,000여 명에 달하지요. 그런 참혹한 학살을 한 일본을 저는 용서할 수 없어요.**

사람은 다른 사람과 함께 더불어 살다가도 나쁜 일이 생기면 언제든지 힘이 약한 사람들을 몰아붙이고, 괴롭히기 쉬워요. 그런 생각은 결국, 죄 없는 사람을 괴롭히는 잔인한 행동, 다른 사람의 인권을 침해하는 일로 연결되지요.

요즘 우리나라에서도 얼굴색이 다르다고, 특히 흰 피부를 가진 사람보다는 검은 피부를 가진 사람들을 무시하거나 경멸하는 경향이 있어요. 우리가 식민지 시절 일본에 당한 역사를 생각한다면 있어서는 안 될 일이지요.

인류의 역사 속에는 자기와 다른 민족이라는 이유로 다른 사람들을 학살하고 잔인한 행동을 한 사례가 꽤 있답니다. 나치즘의 '홀로코스트'도 그런 것이었다고 해요.

늘 그렇듯이 선생님은 여러분에게 하고 싶은 이야기가 있어요. 그것은 '나와 다르다고 무조건 배척하는 것은 절대로 옳은 일이 아니다.'라는 거지요.

선생님의 이야기를 들으며 우리가 하는 '아주 작은 잘못된 생각'이 '몹시 나쁜 일을 저지를 수 있는 원인'이 된다는 것을 깨달았어요.

이야기 톡톡!

미란이 : 오늘 저녁에 있었던 일이에요. 온 가족이 모여 식사를 했어요. 오랜만에 내가 좋아하는 조기구이가 있었어요. 내가 먼저 먹으려고 하자 언니가 나를 구박했어요. 아빠가 먼저 드셔야 한다고요. 아빠는 웃으시며 괜찮다고 하셨어요. 그러자 언니가 이렇게 말했어요.

"너는 좋은 세상에서 사는 거야. 조선 시대에 태어났으면 어림도 없는 일이지. 어디 여자가 어른보다 먼저 좋은 반찬에 손을 대?"

이런 억울한 일이 어디 있나요? 그런데 아버지가 한마디 더 보태셨어요.

"먹을 것을 다 같이 먹는 것은 좋은 일이지. 그런데 지금 우리가 이렇게 평등하게 살 수 있는 건 다 역사 속에 훌륭한 사람들이 있었기 때문이야."

알고 싶어요. 역사 속에서 무슨 일들이 있었는지요.

나인권 선생님 : 미란이 아빠 이야기가 맞아요. 현재 우리가 누리고 있는 것은 모두 앞서 살았던 사람들이 희생하면서 만들어 놓은 거예요.

역사 속에서 누가, 인권을 위해, 더욱 평등한 우리 사회를 위해 애썼는지 살펴볼까요?

누군가 희생해서 얻어 놓은 결과

먼저, 인도의 간디 이야기를 해 볼게요. 간디는 인도에서 태어났지만, 세상에 '차별'이 존재한다는 것을 깨달은 것은 남아프리카 공화국에서였어요. 인종 차별 정책, 그런데 그와 같은 차별이 인도 사회에도 엄연히 있다는 것을 알게 되지요.

높은 신분의 집에서 태어난 간디는 편하게 잘살 수 있었어요. 하지만 편한 삶을 버리고 다른 사람의 인권을 지키기 위해 노력했지요. 인종 차별 정책과 더불어 인도 사회의 계급 제도인 카스트 제도를 없애는 데도 힘을 쏟았어요. 또, 종교의 힘으로 다른 사람들 사이의 싸움을 막으려고 노력했어요. 간디의 비폭력 정신은 우리가 잊지 말아야 할 가르침이에요.

남아프리카 공화국의 넬슨 만델라도 있어요.

그는 남아프리카 공화국의 인종 격리 정책을 없앴지요. 27년 동안이나 감옥에 갇혀 생활하면서도 그의 생각은 바뀌지 않았어요. 감옥에 있는 동안 가족을 일 년에 단 2번, 그것도 30분밖에 만날 수 없었다고 하지요.

혹시 미얀마의 아웅 산 수 치라는 여성 정치가를 알고 있나요? 아웅 산 수 치는 독재 정권에 시달리는 미얀마 국민을 구하기 위해 목숨을 걸고 싸웠어요. 배고픔에 시달리고, 삶의 터전을 잃어버린 미얀마 국민의 어려운 사정을 세계에 알렸고, 또 고문과 실종에 시달리는 사람들의 이야기도 전했지요.

이제 우리나라 이야기를 할게요.

고려 시대의 만적은 '노비의 난'을 일으키려다 실패했지만, 그래도 낮은 신분의 사람들에게 희망을 주었어요. 일제 식민지 시대에 독립운동을 위해 활약한 많은 분의 노력을 생각해 보세요. 의사 장기려 선생님도 떠올릴 수 있어요.

여러분을 위해 노력한 방정환 선생님도 있어요. 가난하지만 평생 어린이를 위해 동화를 쓰신 권정생 선생님도 많은 사람에게 사람답게 사는 것이 무엇인지를 가르쳐 주셨지요.

우리가 지금 누리고 있는 모든 것은 그냥 주어진 것이 아니라 '누군가 희생해서 얻어 놓은 결과'라는 것을 우리는 잊어서는 안 되어요.

생각이 깊어지는 자리

🌸 다음 글을 읽고 생각해 보세요.

　수업을 마치고 집에 돌아가는 길에 영진이를 만났어요.
　"있잖아. 이번에 데빈 선생님은 자기 나라로 돌아가고, 원어민 선생님이 새로 오신대."
　"어, 그래? 아쉽다. 재미있게 가르쳐 주셨는데."
　"그런데 이번에는 미국에서 온 흑인 여자 선생님이래."
　"그렇구나."
　"난 흑인 선생님은 싫어. 흑인 선생님들에게서는 이상한 냄새가 나."
　"무슨 냄새가 나는데?"
　"우리 영어 학원에 흑인 선생님이 계시는데, 알 수 없는 이상한 냄새가 나."
　"그렇게 말하면 그 선생님이 기분 나빠하지 않을까?"
　"뭐가 어때서? 그게 사실인데!"
　"그럼 외국인들이 우리한테 마늘 냄새난다고 꺼리면 너는 기분이 어떨 것 같아?"
　"……."

❀ 혹시 여러분은 남과 다르다는 이유로 차별받은 적이 있나요? 그랬던 경험을 떠올려 보세요.

_____
_____
_____
_____
_____
_____
_____

❀ 자신이 살아온 나라와 다른 문화를 가진 사람을 대할 때 어떻게 해야 하는지 생각해 보세요.

_____
_____
_____
_____
_____
_____
_____

2장
지금 세계 어린이들은

다 같이 청소하면 안 되나요?

일기장을 두 개나 쓰고 싶지 않아요!

엄마 아빠랑 같이 살고 싶어요!

5화 일하는 어린이

'우리 모두 잘 나가' 모둠 발표

이번 주는 '일하는 아이들'이라는 주제로 모둠별 발표를 하는 날이에요. '우리 모두 잘 나가' 모둠의 발표가 있었어요.

> "새벽 5시에 일어나 강에서 물을 길어 오고, 10미터가 넘는 카카오나무에 올라 열매를 따는 위험한 일이었다. 손도끼로 열매를 가르고 카카오 씨를 빼낸다. 열심히 일하지 않으면 '앉았다 일어나기 40분'이라는 벌을 받아야 한다. 식사는 하루에 두 번. 밤에는 딱딱한 침대에서 다른 아이들과 엉킨 채 잠이 든다."
> - 『아프리카 어린이들의 노동』 중에서

윗글은 세계 어린이들의 노동에 대한 글을 적은 책 중에서 뽑아온 거예요. 우리 모둠에서는 이번 발표를 위해 자료를 찾아보면서 많이 놀랐어요. 세계의 어린이는 모두 우리처럼 부모의 보호 아래 학교에서 원하는 것을 배우고, 자유롭게 자기 생각을 이야기하며 자라는 줄 알았어요. 그런데 그렇지 않은 어린이가 너무 많았어요. 제대로 먹지 못하는 아이들, 전쟁 중에 방치된 아이들, 교육받을 여건이 되지 않아 배우지 못하는 아이들, 어떤 곳에서는 어린이들에게 총을 주고 싸우게 하는 곳도 있었어요.

우리 모둠에서는 그 많은 사례를 모두 조사할 수 없어서, 일하는 아이들에 대해서만 조사하기로 했어요. 자료 가운데 그 아이들의 모습을 친구들에게 소개합니다.

'우리 모두 잘 나가' 모둠의 발표가 끝나자 아이들이 손뼉을 쳤어요. 하지만 모두 표정이 밝지 않았지요.

뭐든지 궁금하면 바로 풀어야 하는 성격의 형도가 질문했어요.

"지금 발표한 글의 어린이들이 사는 지역은 어디입니까?"

"주로 동남아시아와 아프리카 지역이었어요."

선생님이 세계 지도를 펼치며 조금 더 자세히 설명해 주셨어요.

"지도에서 적도를 중심으로 남쪽에 있는 나라와 북쪽에 있는 나라를 비교해 보세요. 우리가 알고 있는 선진국은 주로 북반구에 있지요. 지금 '우리 모두 잘 나가' 모둠이 이야기한 동남아시아나 아프리카는 대체로 남반구에 있어요. 왜 남반구와 북반구에 사는 사람들의 생활에 큰 차이가 있을까요? 물론 역사적인 배경도 있지만, 사실 북반구 사람들이 잘사는 것은 남반구 사람들의 희생이 있었기 때문이에요."

"그러니까 남반구에 있는 나라의 자원을 북반구에 있는 나라에서 빼앗아 가서 그렇게 되었다는 말씀이신가요?"

"그렇게도 생각할 수 있지만, 남반구의 가난이 단지 그것 때문만은 아니라서……."

선생님은 말끝을 흐리면서도 선생님 생각을 알아챈 형도를 기특하게 여기시는 것 같았어요.

'우리 모두 잘 나가' 모둠이 계속 발표했어요.

먼저 '가난의 역사'를 조사해 보았어요. 지금 아시아나 아프리카에서 노동을 하고 있는 어린이들을 우리는 역사 속에서도 찾아볼 수 있었어요. 영국의 산업혁명은 인류사에 커다란 발전을 가져왔지만, 그 이면에는 15시간 이상 공장에서 일하던 청소년들이 있었다는 사실을 잊어서는 안 됩니다. 한 의사는 청소년 노동에 대해 이런 기록을 남겼어요.

> 몸을 움직일 수도 없을 만큼의 좁은 공간에서 매일 15시간 이상 서서 일하는 것은 노동이 아니다. 먹을 것도 제대로 먹지 못한 여섯 살에서 여덟 살 나이의 아이들이 새벽에 집을 나와 공장에 나가서 일하고 밤늦은 시간에 집에 돌아간다.
> -『세상을 바꾼 인권』중에서

19세기까지만 해도 유럽의 어린이나 청소년들도 힘들게 노동을 해야만 살아갈 수 있었어요. 그렇다면 지금 우리가 사는 세상에서 어린이가 노동하는 일은 없어졌을까요? 그렇지 않아요. 옛날 유럽의 어린이들이 그러했듯이 지금은 아시아와 아프리카 여러 지역에 사는 어린이들이 힘에 부치는 노동에 시달리고 있어요.

우리는 우리 눈에 보이지 않는 곳에서 힘들게 일하고 있는 어린이들이 있다는 사실을 알고는 마음이 복잡해졌어요.

초콜릿의 비밀

형도의 이모는 가끔 일본에 갑니다. 일본에서 어린이와 관련된 활동을 하는 분과 교류하고 있기 때문이지요. 이번에는 일본 지바 시의 어느 학교를 방문했다고 해요. 그 학교의 한 학급에서는 이런 수업을 했대요.

학급의 담임 기무라 선생님이 초콜릿을 한 상자 들고 들어오셨대요. 아이들은 와, 하고 소리를 질렀지요. 기무라 선생님은 조금 심각한 표정으로 상자 안의 초콜릿 하나를 들어 아이들에게 보여 주었어요.

"어린이 여러분, 이것은 무엇입니까?"

"초콜릿이요."

"여러분이 좋아하는 초콜릿, 이것은 무엇으로 만드는지 아나요?"

수업은 이렇게 시작해서 초콜릿의 원재료인 카카오를 따는 소년 이야기로 옮겨 갔어요.

카카오나무에 오르는 일은 어린아이들이 해야 한답니다. 나무에 기어 올라가 카카오 열매를 따서 던져 주면 아래 있는 사람들이 줍는 거죠. 그런데 이 일을 하는 어린이들이 받는 돈은 아주 적어요. 이 일을 하는 한 소년은 이렇게 해서라도 돈을 벌어서 동생을 공부시키고 싶다고 했습니다.

세계적으로 카카오 공장에서 일하는 어린이들이 노예 노동을 가장 많이 한다고 해요. 주변 국가에서 인신매매로 팔려 온 아이들이라고 하지요. 그 아이들은 카카오로 만드는 것이 초콜릿인지도 모르고 하루에 12시간씩 일해요.

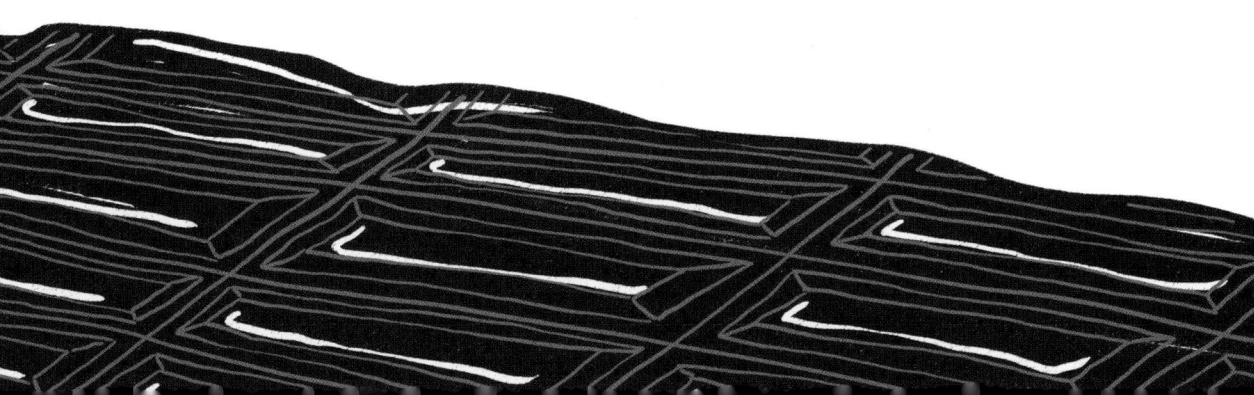

선생님의 설명을 듣는 아이들은 엄숙해졌어요. 자기들은 편안하게 공부하는데, 동생을 공부시키기 위해 종일 일해야만 하는 자기 또래 아이들의 이야기가 마음을 먹먹하게 했지요.

기무라 선생님은 카카오 원재료의 값과 일본에서 어린이들이 먹는 초콜릿의 가격을 이야기하면서 초콜릿 회사에서 원재료를 들여올 때, 어린이들의 노동 가치를 충분히 인정해 주어야 한다는 이야기를 했어요.

소비자는 물건을 살 때 싸게 사기를 원하지만 그 물건을 생산하는 노동자들의 노동을 소중하게 생각한다면 노동의 가치에 합당한 가격을 부담해야 한다는 이야기도요.

아이들은 손을 들고 의견을 내놓았어요.

"선생님, 우리가 초콜릿 회사에 편지를 써요. 그래서 카카오를 따는 아이들의 노동 가치를 제대로 인정해 주어야 한다는 우리 생각을 전하면 어때요?"

이 수업은 초콜릿 회사에서 온 답장을 읽고, 기무라 선생님 반 아이들이 소감문을 쓰는 것으로 마무리되었대요.

이모는 형도에게 물으셨어요.

"너 공정 무역이 무언지 아니?"

형도는 머리를 긁적이며 아무 말도 못 했어요.

이야기 톡톡!

남인이 : 오늘 사회 시간에 세계 여러 나라 어린이들의 생활에 대해 공부했어요. 수업을 마치고 나서는 마음이 아팠어요. 나는 별일 아닌 일에도 늘 엄마 아빠에게 힘들다고 투정부렸는데, 부끄러워졌어요. 내가 세계의 일하는 어린이들을 위해 할 수 있는 일이 무엇이 있나요? 알려 주세요.

나인권 선생님 : 세계 곳곳에서 일하는 어린이들을 돕는 단체가 있습니다. '국제앰네스티' 한국 지부는 어린이는 물론 모든 사람의 인권이 바로 실현될 수 있도록 활동하는 단체지요.

'세이브더칠드런'이란 단체도 있어요. 어린이의 권리를 지키고, 어린이를 보호하고, 교육을 지원하는 활동을 한답니다.

'아동을 살리는 가게'를 통해 여러분들의 마음을 전달할 수도 있습니다.

'유니세프', '한국 월드비전', '굿네이버스' 등 한국에는 어린이 인권을 위해 노력하는 단체가 많아요. 그런 단체의 후원 회원이 되는 것도 좋겠지요.

누구나 평등하게 태어나지는 않아

'사람은 누구나 태어나면서부터 평등하다.'라는 이야기를 한 번쯤 들어 보았을 거예요. 그러나 현실적으로 이 말은 맞지 않아요. 우리는 누구나 좋은 환경에서 태어나 좋은 교육을 받으며, 사람답게 살 권리를 누리면서 살 수 있다고 하지만, 가난한 나라에 태어난 사람들은 그렇지 못하니까요.

예를 들어 먹을 것이 부족하고 치료를 받을 수 없는 최저 개발국의 아이들은 선진국과 비교하면 다섯 살 이전에 죽을 확률이 평균 13배나 높다고 해요. 게다가 유럽의 아이들은 아시아, 아프리카 지역의 아이들보다 평균 두 배 이상 산다고 하지요.

살기 좋은 유럽의 나라에서 태어나느냐, 아니면 아시아와 아프리카의 가난한 나라에서 태어나느냐 하는 것은 우리가 결정할 수 있는 일이 아니에요. 또, 선진국에서 태어난다고 해서 다 부잣집에서 태어나는 것은 아니고, 가난한 나라에서 태어난다고 해도 다 가난한 집에서 태어나는 것도 아니지요. 자기가 어떤 나라의 어떤 집에서 태어나느냐를 결정하는 것은 어린이 스스로 할 수 있는 일이 아닙니다.

가난한 나라, 가난한 집에서 태어난 아이들은 공부하고 싶어도 학교에 가지 못하고 돈을 벌러 일터에 가야 해요.

우리나라도 지금은 형편이 나아졌지만, 불과 100년 전만 하더라도 일터에 나가 돈을 벌어야 하는 청소년이 많았어요.

> 날마다 4시에 일어나서 세수하고 가서는 온종일 종이에 담배 싸는 일을 해요. 아흔 갑을 싸서 네 통을 만들어 놓아야만 겨우 3전의 돈을 받아요. 지금 열일곱 살인데 벌써 사오 년째나 이 일을 하고 있어요.
> 죽지 못해 하는 일이라 늘 괴롭지요. 담배를 싸다 잘못하면 매를 맞고 또 벌을 받아요. 심지어 쫓겨나기까지 해요.

이 글은 일본이 우리나라를 식민지 삼아 지배하던 시절, 담배 공장에서 일하던 한 여학생의 글이에요. 옛말에 '가난 구제는 나라님도 못한다.'는 말이 있어요. 가난은 어쩔 수 없다고 생각하는 거지요. 그러나 남아프리카 공화국의 넬슨 만델라는 이렇게 이야기했어요.

> "가난은 사람이 만들어 낸 거예요. 따라서 사람들이 스스로 극복하거나 없앨 수 있어요."

유네스코 어린이 위원회를 비롯해 많은 사람은 이런 환경을 극복하기 위해 여러 가지 일을 하고 있어요.

여러분, 혹시 '유니세프 한국 위원', '지구촌 나눔 운동', '굿네이버스', '기아 대책'이란 단체를 들어 보았나요? 이런 단체에서는 가난이라는 굴레에 얽매여 어린이답게 살 수 없는 환경에 놓인 어린이들을 보호하기 위해 여러 가지 활동을 하고 있어요.

공정 무역이 필요해

우리가 살아가기 위해서는 무역이 필요합니다.

한 나라에서 생산한 물건을 다른 나라에 가서 팔기도 하고, 또 다른 나라에서 만든 물건을 수입해서 우리나라에서 팔기도 하지요. 그렇게 나라와 나라 사이에서 하는 장사를 '무역'이라고 합니다.

무역은 주로 개인이 아니라 회사가 하고 있지요. 회사는 많은 이익을 얻으려 합니다. 소비자들은 싼값에 물건을 사기를 희망하고, 회사는 물건을 많이 팔아서 이익을 많이 남기려 하지요.

회사는 물건값을 싸게 만들기 위해 싼 원료를 사 옵니다. 원료비가 싸지려면 노동비도 싸야 합니다. 결국, 우리가 싼값으로 물건을 사기를 원하면 그만큼 생산지의 노동자들이 받는 임금이 낮아집니다.

우리는 만족하지만, 노동자들은 불만족스럽습니다. 이런 것을 '불공정 무역'이라고 합니다.

소비자도, 회사도, 노동자도 모두 행복한 사회를 만들려면 어떻게 해야 할까요?

노동자들에게 일한 대가를 제대로 주면 그들이 행복해질 겁니다. 그러면 '소비자는 돈을 많이 써야 하니까 불행해지는 거네요?'라고 질문할 수도 있겠군요. 그렇지만 그건 바른 생각이 아닙니다.

여러분도 어른이 되면 어딘가에서 누군가를 위해 일할 거예요.

그때 자신의 노동이 정당한 대가를 받지 못한다면 행복할까요?

단순하게 '현재 내가 행복한 사회'가 아니라 '우리 모두 행복해질 수 있는 사회'를 만들어 가는 것이 바람직하겠지요.

이렇게 소비자와 생산자가 다 같이 행복해지기 위해 정당한 노동 대가를 치른 제품을 무역하는 것을 '공정 무역'이라고 합니다. 공정 무역 제품이란 이런 과정을 통해 만들어진 물건을 말하지요.

세계 공정 무역 기구에서는 2001년 이후 매년 5월 둘째 주 토요일을 '세계 공정 무역의 날'로 정했어요. 공정 무역을 세상에 널리 알리고, 더 많은 나라가 공정 무역에 참여하도록 말입니다.

공정 무역으로 행복해진 사람의 이야기 하나만 소개할게요.

> "예전에는 물을 긷기 위해 하루에 5킬로미터를 걸어야 했어요. 그렇게 길어 온 물도 깨끗하지 않아서 헝겊으로 걸러서 먹어야 했지요. 지금은 공정 무역 덕분에 마을 우물이 생겼어요. 다른 동네 사람들이 부러워합니다."
>
> 가나의 카카오 농부 글라디스 오키

생각이 깊어지는 자리

❋ 초콜릿 공정 무역에 관하여 미란이가 발표했어요.

　카카오 1킬로그램은 단돈 100원이에요. 생산자가 받는 돈이지요. 그러나 마지막 소비자가 살 때는 200배가 넘는 가격이 된다고 해요. 중간에서 물건을 사고파는 사람들이 이익을 가져가는 거지요.
　공정 무역 초콜릿은 농민들에게 카카오를 사기 전에 먼저 돈을 지급해요. 그리고 최저 가격을 보상해 주지요. 그래서 그들의 자립을 도와주어요. 더 나아가 농약을 쓰지 않는 유기농법으로 재배해서 농민들의 생명과 지구를 구하고, 어린이들이 노동하는 것을 없애려고 해요.
　생산자와 소비자가 모두 행복함을 누릴 수 있는 무역을 '공정 무역'이라고 해요. 그래서 공정 무역은 농민 단체와 직접 거래를 해요.
　소비자는 좋은 품질의 물건을 싸게 사는 것이 현명하다고 배웠는지요? 공정 무역에서는 좋은 물건을 생산자의 생활도 보장해 주는 적당한 가격에 소비하는 사람을 '착한 소비자'라고 해요.
　이상, 제가 조사한 초콜릿 공정 무역에 대한 발표를 마치겠어요.

　미란이가 발표한 후 아이들의 질문이 쏟아졌어요.
　"싸게 사는 것이 소비자로서 좋은 거 아닌가요?"

"절약하는 생활이 좋은 거라고 했는데, 비싼 물건을 사면 절약을 하지 못하잖아요."

"적당한 가격에 착한 소비자, 이것도 돈이 있어야 하는 것 아닌가요?"

❋ 여러분은 어떻게 생각하나요?

6화 교육받지 못하는 어린이

'배워서 남 주자' 모둠 발표

    오늘의 주제는 '교육받지 못하는 어린이'들이었어요. 발표는 '배워서 남 주자' 모둠이에요.

    선생님은 열심히 공부해서 얻은 지식은 다른 사람들과 공유해야 한다고 늘 말씀하셨지요. 내가 배운 것을 왜 남에게 주냐고 툴툴거리는 아이들도 있지만, '배워서 남 주자' 모둠은 선생님이 하신 말씀에 크게 감동해서 모둠 이름을 그렇게 정했다고 해요.

    '배워서 남 주자' 모둠은 교육받지 못하는 세계의 어린이들에 대해 발표했어요.

발표자는 '텔레비전 광'이라는 별명을 가진 상열이예요.

저는 책을 별로 좋아하지 않지만, 텔레비전은 무척 즐겨 봐요. 우연히 텔레비전을 틀었는데, 네팔 어린이들이 나왔어요. 네팔의 수도 카트만두에서 몇 시간이나 걸어 들어간 마을에는 번듯한 학교가 없어요. 그곳의 아이들은 배우고 싶어도 배울 학교도 없고, 선생님도 없어요. 한국의 청년들이 그곳에 가서 학교도 지어 주고, 당분간 선생님도 되어 주는 활동을 한 것을 기록한 프로그램이었어요. 저는 이 프로그램을 보면서 궁금했어요. 그래서 아버지에게 여쭈었지요.

"아버지, 아직도 배우고 싶어도 공부하지 못하는 어린이들이 많은가요?"

"그럼, 실은 우리나라도 지금은 어느 정도 먹고사니까 초등학교에서 무상급식까지 하지만, 예전엔 그렇지 못했어. 할아버지가 학교 다니던 시절에는 '월사금'이 있었는데, 그것을 못 내면 학교에서 쫓겨나 집으로 오기도 했어. 지금도 세상에는 배우고 싶어도 배우지 못하는 어린이들이 무척 많지. 참, 너 감자 좋아하지? 감자의 원산지가 어느 나라인지 아니?"

"장화처럼 길게 생긴 나라, 페루 아니에요?"

"그래. 페루의 안데스 산맥이 바로 감자의 원산지이지. 그 지역에 사는 어린이들은 너무 가난해서 학교에 가고 싶어도 가지 못해. 도시에 사는 아이들도 부모가 너무 가난하니까 학교에 다닐 수 없어. 그래서 그 아이들은 부모를 도와서 구두를 닦기도 하고 길거리에서 물건을 팔기도 하지.

참, 지난번 인도 여행할 때 만난 아이들 기억나니? 그 아이들은 제대로 학교에 다니고 있을까? 길거리에서 여행객에게 구걸하거나 종이 꽃을 팔거나 하면서 먹고사는 아이들을 많이 보았지?"

"네, 기억나요. 지금 생각하니 길거리에 그런 아이들이 무척 많았어요. 그땐 별로 관심이 없었는데……."

아버지는 상열이에게 이렇게 말씀하셨어요.

"책에 더 많은 사례가 있을 거야. 한번 찾아볼래?"

그래서 제가 책에서 찾은 몇 가지 사례를 소개할게요.

먼저 우리나라에도 교육받고 싶어도 받지 못하는 어린이들이 있다는 사실을 알았어요. 여러 가지 사정이 있었지요. 부모의 이혼으로 버려진 뒤 방치된 아이들, 너무 가난해서 공부보다는 일을 해야 먹고사는 아이들, 소년 소녀 가장으로 동생들을 돌보아야 하는 아이들 등이었어요.

우리나라는 무상 교육이라 모든 아이가 교육을 받는 줄 알았는데, 그렇지 않았어요. 그 밖에도 가난한 나라의 어린이들, 특히 남반구에 있는 나라의 어린이들은 상당수가 교육받지 못하고 있었

2장 · 지금 세계 어린이들은 | 99

어요.

전 세계적으로 교육받지 못하고 있는 어린이들의 수는 무려 7천 2백만 명이나 된다고 해요. 또, 여자아이들은 남자아이들과 비교하면 상대적으로 더 차별받고 있어요. 남아시아, 인도에서는 학교에 다니지 않는 아이 가운데, 3분의 2가 여자아이들이라고 해요.

어린이들은 모두 교육을 받을 권리가 있는데, 아직도 세계 곳곳에 배우지 못하는 어린이가 많다는 것을 새롭게 알게 되었어요.

상열이의 발표를 듣고 숙경이가 질문했어요.

"지난번 모둠에서 발표한 내용과 이번 발표 내용이 조금 비슷한 이야기 같아요. 돈이 없으니까 교육을 못 받고, 일을 하는 것이 아닌가요?"

아이들이 갑자기 자기 생각을 말하기 시작하자 교실이 소란스러워졌어요. 선생님이 빙그레 웃으시며 정리해 주셨지요.

"가난에서 벗어나기 위해 먼저 해야 할 일은 제대로 된 교육을 받는 거예요. 가난하니까 배우지 못하고, 또 배우지 못하니까 돈 벌러 공장에 가야 하고, 이런 악순환이 계속되는 거지요.

국제연합은 2015년부터 모든 아이가 남녀 차별 없이 학교에 다녀야 한다고 발표했어요. 그러나 말처럼 쉬운 일은 아니지요. 아무리 열심히 일해도 가난에서 벗어나지 못하는 경우도 있어요. 그래서 국가는 국민에게 무상으로 교육을 제공해야 해요. 우리나라는 지금 초등학교, 중학교가 무상 교육이지만 그렇지 못한 나라들이 많이 있어요. 이런 나라들에 대해서는 세계의 선진국들이 어떤 형태로든 지원해야 해요. 지금 국제연합에서 노력하고 있으니까 앞으로 변화가 있을 거라고 생각해요."

이야기 톡톡!

창숙이 : 우리 엄마도 어릴 적에 초등학교만 졸업하고 공장에서 일했다고 했어요. 지금 우리나라가 잘살게 되어서 어린이들이 공장에서 일하지는 않는다고 해요. 어린이 노동에 관한 이야기를 더 듣고 싶어요.

나인권 선생님 : 공부만 하기에도 무척 힘들지요? 그런데 세계의 어린이들 2억여 명이 학교도 가지 못한 채 힘든 일을 한다고 해요. 사실이에요. 어린이로서의 인권을 보호받지 못하고 하루 몇백 원을 벌기 위해 나쁜 환경에서 일하는 어린이들이 그만큼 많다는 뜻이지요. 많은 사람이 좋아하는 축구공은 대부분 파키스탄 어린이들이 만들어요. 섬세한 손동작이 필요하다는 이유에서지요. 많은 어린이가 눈이 나빠지거나 손가락의 통증을 호소해요. 중국에서는 열세 살도 채 안 된 어린이들이 작은 장난감을 만들어요. 가족 모두 힘을 모아 일을 해야 겨우 살 수 있기 때문이지요. 이 밖에도 운동복, 운동화, 다이아몬드 등 많은 물품이 세계 여러 나라 어린이들의 고된 노동으로 만들어지고 있답니다.

어린이 노동

국제 노동기구에서는 어린이 노동을 이렇게 정의해요.

- 11살까지의 어린이의 모든 경제 활동
- 12~14살 어린이가 행하는 모든 경제 활동, 단 가볍고 쉬운 노동은 제외함
- 15~17살 어린이가 위험한 조건에서 하는 모든 경제 활동
- 18살 미만의 어린이가 하는 가혹한 노동

위에서 말하는 가혹한 노동은 노예와 같이 빚을 져야 하는 노동, 매춘, 포르노, 마약 제조 등의 불법 활동, 그리고 어린이의 건강과 안전이 지켜지지 않는 위험한 일을 말해요.

사실 가난한 나라나 집안에서는 모든 어린이가 일하지 않으면 먹고살 수 없기 때문에 어린이 노동에 대한 옳고 그름을 따지기엔 어려움이 많아요.

결국, 어린이 노동이 생기는 가장 큰 이유는 '가난'이지요. 실제로 국제부흥개발은행의 조사에 따르면 어린이 노동 비율은 가난할수록 높게 나타난다고 해요.

가난한 가정의 어린이들은 교육을 제대로 받을 수 없어요. 그러니 가난하면 학교에 못 가고 일을 해야 하는 이중의 고통이 어린이들을 기다리고 있는 거예요.

또, 어린이 노동이 줄지 않는 데는 어린이를 채용하는 고용주

탓도 있어요. 어린이 노동은 어른보다 임금이 낮아서 싼값으로 물건을 만들 수 있거든요.

인도에서는 6,000만 명의 어린이들이 일하고, 6,500만 명의 어른이 일을 못 하고 있답니다. 이 말이 의미하는 것은 무엇일까요? 비싼 임금을 주어야 하는 어른을 채용하지 않고, 값싼 노동력인 어린이를 채용한다는 이야기지요.

축구공, 스포츠 신발 등도 가난한 지역의 어린이들이 만들고 있어요. 우리가 일상생활에서 사용하는 생활용품이 어린이 노동을 통해서 만들어진 상품이라는 사실에 대해 생각해 보지 않을 수 없어요.

지금은 현지에서 일하는 노동자들에게 일한 만큼의 정당한 대가를 지급하기 위한 공정 무역이 점차 늘어나고 있어요.

국제기구인 유니세프(UNICEF), 국제 연합 아동 기구에서는 어린이 노동을 없애기 위해 오랜 시간 노력해 왔어요. 유니세프는 유엔 어린이 권리 협약의 원칙을 존중하며 인신매매자에 대한 엄격한 법을 집행할 것을 요구하거나, 거리의 아이들을 위한 일을 하며, 어린이 착취를 받아들이지 않도록 하는 생각의 전환을 위한 여러 일을 하고 있어요. 또한, 부모들을 대상으로 한 교육도 해서 어린이들이 더는 노동의 장으로 끌려가는 일이 없도록 노력하고 있어요.

-『어린이 노동자』 중에서

베트남 거리의 어린이들

베트남 호찌민 시의 변두리 지역에 있는 한 거리 뒷골목에는 늘 아이들이 많아요. 분명히 학교에 가야 할 시간인데, 아이들은 골목에서 여러 가지 놀이를 하면서 놉니다. 그러다 외국인 관광객이 오면 관광객을 상대로 자신이 직접 만든 물건을 팔아서 집안 살림에 보태기도 해요.

기무라 씨는 우연히 베트남 여행을 갔다가 동네 조그만 골목에서 만난 어린이들을 보고 충격을 받았어요. 일본이라면 도저히 생각할 수 없는 일이었지요. 그는 일본으로 돌아와서도 그 아이들을 잊을 수 없었어요. '맑고 예쁜 눈을 가진 아이들인데, 교육을 받고 건강하게 자라면 행복할 텐데…….' 하는 생각에 자신이 할 수 있는 일을 찾았어요.

기무라 씨는 매해 두 번 베트남을 방문하기로 했어요. 그 도시의 그 거리. 같은 곳에 살고 있는 아이들을 만나면서 먼저 친하게 지내는 것이 필요하다고 생각한 거지요. 그리고 그 아이들이 무엇을 바라는지 알게 되었어요.

그 아이들이 바라는 것은 부모님과 같이 생활하면서 공부도 하고 집안일도 도울 수 있는 것이라고 했어요.

기무라 씨는 그 지역의 어린이들을 위해 일을 시작했어요. 먼저 빈집을 하나 구했어요. 그곳에서 아이들이 공부하고 생활할 수 있도록 했어요. 이제 거리의 아이들은 학교 대신 그곳에 가서 자원봉사자의 도움을 받아 공부해요. 그리고 바느질을 배워서 생활용품을 만듭니다. 아이들이 만든 물건은 기무라 씨가 일본으로 가져와 지역에서 판매해요. 판매한 돈은 고스란히 거리의 어린이들을 위해 쓰입니다.

기무라 씨의 활동은 지금 30년째 이어지고 있어요. 이제 기무라 씨의 활동을 도와주는 사람들이 20여 명이 됩니다. 그들은 가을이 되면 일본에서 바자회를 엽니다. 거리의 어린이들을 보살피기 위한 기금을 준비하는 거지요. 기금을 마련해서 매해 12월에는 20여 명의 사람들과 함께 베트남 호찌민 시를 방문해요. 그곳의 어린이들에게 자신들이 할 수 있는 봉사를 해요. 음악을 좋아하는 사람은 합창을 지도해요. 컴퓨터를 잘하는 사람은 컴퓨터 활용법을 가르칩니다. 그림을 잘 그리는 사람은 그림을 지도해요. 그저 아이들이 좋은 사람은 친구가 되어 줍니다.

거리의 아이들 출신으로 어른이 되어 자신의 어린 시절을 생각하면서 그곳에서 선생님으로 활동하는 사람도 있어요. 가난을 되풀이하지 않기 위해서는 교육을 받아야 하고, 그러기 위해서는 가난이 있는 지역에 누군가 도움의 손길을 주지 않으면 안 된다고 생각해요. 기무라 씨와 같이 활동하는 모든 사람은 다 같은 마음으로 거리의 어린이집에서 지금도 열심히 일해요.

"아이들의 눈망울이 반짝이는 한 희망은 계속될 겁니다."

"세계 곳곳에서 여러 가지 이유로 교육받지 못하는 어린이들을 위한 이런 노력이 더 많아졌으면 좋겠어요."

기무라 씨의 이야기예요.

생각이 깊어지는 자리

❋ 한국에 사는 콩고 아이의 편지예요. 이 친구의 글을 읽고 생각해 보세요.

안녕 친구들!
나는 한국에 사는 콩고 아이야.
우리 엄마 아빠는 콩고에 살 수 없어서 한국으로 왔어. 그런데 나는 한국 학교에 다닐 수 없어. 왜냐하면, 불법이기 때문이야. 나는 한국에서 태어났지만, 한국 국적을 가지고 있지 않아. 우리 아빠는 콩고의 정치 이념과 생각이 달라서 콩고를 떠났어. 그래서 한국 정부에 난민 신청을 했는데, 그게 잘 안 된 거지.
난 어려서 난민이 무엇인지, 정치적인 생각이 다르면 왜 내 나라에서 살 수 없는지 잘 모르지만, 한 가지 바라는 게 있어.
'내가 어디에 살든 상관없이 친구들과 함께 배울 수 있었으면' 하는 거야. 나도 너희와 같이 학교에 가고 싶고, 재미있게 놀고 싶어.

선생님이 소개한 편지글을 듣고 아이들의 질문이 봇물 터지듯이 쏟아져 나왔어요.

"난민이 뭐예요?"
"정치적 이념이 뭔데요?"

🌺 왜 난민이 되는지 조사해서 친구들과 이야기해 보세요.

🌺 만약에 여러분 가족이 사정이 생겨서 외국으로 가야 하는데, 그곳에서 교육받을 수 없다면 어떤 생각이 들까요?

🌺 이 문제를 해결하기 위해 어린이 여러분이 할 수 있는 일에는 무엇이 있을지 이야기해 보세요.

7화 장애가 있는 어린이

'제각기 자기 빛깔' 모둠 발표

이번 주의 주제는 '장애가 있는 어린이'에 대해서입니다. 발표 모둠은 '제각기 자기 빛깔'이에요. 성별이 무엇이든, 장애가 있든 없든 우리는 모두 소중한 사람이라는 생각으로 지은 모둠입니다. 오늘 발표는 이 모둠의 나수민입니다. 수민이가 발표한 내용을 들어 보지요.

우리 모둠에서는 장애가 있는 어린이에 대해 발표하기로 했어요. 처음에는 힘들었어요. 왜냐하면, 세계 어린이 가운데 장애가 있는 어린이들에 대한 자료를 찾기가 쉽지 않았기 때문이에요.
우리는 고민하다가 먼저 우리 학교의 이야기부터 해야겠다고 생각했어요. 가까운 곳 먼저 조사하다 보면 어딘가에서 세계 어린이들의 이야기를 들을 수 있을 거라고 생각했거든요.

먼저 우리 학교에는 '사랑반'이 있어요. 신체적, 혹은 정서적으로 발달이 조금 늦은 친구들이 모여 있는 반이지요. 1학년부터 그 아이들과 같이 생활해 오면서 우리는 그동안 불평을 많이 늘어놓았어요. 사랑반 친구가 같은 모둠에 들어오면 모둠 점수가 떨어진다고 싫어하고, 체육을 같이 하면 사랑반 친구가 들어간 팀이 늘 지니까 그것도 싫어했지요. 이번에 사랑반 선생님을 만나 인터뷰를 하면서 우리는 많이 반성했어요. 지금부터 인터뷰를 들려줄게요.

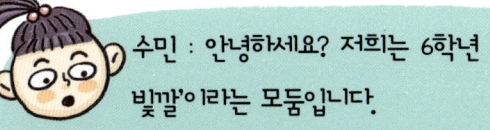

수민 : 안녕하세요? 저희는 6학년 2반 '제각기 자기 빛깔'이라는 모둠입니다. 오늘 선생님에게 몇 가지 질문이 있는데 해도 될까요?

사랑반 샘 : 네, 반가워요. 무슨 질문이든 하세요. 내가 알고 있는 거라면 모두 이야기해 줄게요.

수민 : 우리 학교에 사랑반이 있는데, 몇몇 아이들이 사랑반 아이들을 별로 좋아하지 않아요. 그냥 보통 학교가 아니라 특수 학교에 가는 것이 사랑반 아이들에게도 좋지 않을까요?

사랑반 샘: 그렇게 생각하고 있군요.
하지만 먼저 여러분이 알아야 할 것이 있어요.
'어린이 인권 23조'를 보면 신체적 또는 정신적 장애가 있는 어린이는 존엄성을 보장받고, 특별히 보호받을 권리가 있어요. 또한, 정상적인 어린이와 차별을 받아서는 안 되지요.
만약에 그런 조항이 없다고 하더라도, 사람은 누구나 다 평등해요.

수민: 그렇지만 사랑반 아이들이 특수 학교에 가면 여기보다 더 좋은 교육을 받을 수 있지 않나요?

사랑반 샘: 그렇게 주장하는 사람도 있어요.
장애가 없는 사람들과 따로 떨어져서 교육 받으면 더 좋을지 모르지만, 사실 생활할 때는 우리 모두 다 같이 지내잖아요.
그러니까 장애가 없는 사람들과 같이 살아가는 법, 도움을 주고받는 법, 이런 것들을 배우기 위해서는 일반 학교에서 교육 받는 것이 더 좋지요. 같은 처지의 친구들끼리 지내는 것이 더 낫다고 생각할 수 있어요. 하지만 조금 더 깊이 생각해 보면 함께 지내는 것이 더 좋다는 걸 알 수 있을 거예요.

수민 : 그러면 선생님께서는 장애가 있는 친구들이 일반 학교에서 교육받는 것이 맞다고 생각하시는 거지요? 마지막으로 저희 반 친구들에게 하고 싶으신 말씀을 부탁드려도 되나요?

사랑반 샘 : 네, 맞아요. 장애가 있든 없든 다 같이 공부할 수 있는 분위기를 만들고, 그 안에서 서로 커가는 것이 맞아요.
여러분 반은 인권에 관해 공부를 많이 한다고 들었는데, 인권은 장애가 있든 없든 지켜져야 하는 거지요.

수민 : 선생님의 좋은 말씀, 감사해요.

이렇게 보고는 끝났지만, 보고 뒤의 질문이 더 흥미로웠어요.

"사랑반 선생님의 이야기는 잘 들었어요. 그런데 사실 우리 학급에서 보아도 그렇고, 다른 학급을 보아도 그렇고, 장애가 없는 아이들이 장애가 있는 아이들을 괴롭히고 놀리는 경우가 많아요. 이럴 때는 어떻게 해야 하죠?"

"선생님께 말씀드려서 규정에 맞는 벌을 받게 하는 것이 좋지 않을까요?"

"요즘 어린이, 청소년 인권 조례도 생기고, 처벌은 인권과 관련된 문제가 있으니까, 어린이 인권에 관해 공부하는 것도 중요하지 않을까요?"

늘 아이들의 발표를 듣고만 계시다가 필요할 때 나타나는 선생님이 말했어요.

"와! 좋은 생각이에요. 인권에 대해 학습하는 것이 정말 필요하지요."

"배웠다고 모두 다 실천하지는 않아요. 배웠어도 옳지 못한 행동을 할 때는 어떻게 하나요?"

역시 예리한 질문을 하는 강해미예요.

"오늘 보고도 좋았지만, 질문도 참 좋아요. 이런 질문이 나올 수 있는 것은 여러분 주변에서 벌어지는 일들을 관심 있게 보았기 때문이에요."

"그럼 장애가 있는 사람들, 특히 어린이에 대해서는 어떻게 해야 하지요?"

"우리 사회는 아직 장애가 있는 사람을 동정하는 눈으로 보기 쉬워요. 먼저 이런 생각부터 바꾸어야 한다고 생각해요. 장애가 있는 사람은 불쌍한 것이 아니라, 장애가 없는 사람들과 달리 신체적 혹은 정신적 장애가 있어서 생활하는 데 조금 불편할 뿐이에요. 남들은 빨리 가는데, 천천히 간다든가, 혹은 남들은 말을 빨리빨리 잘하는데, 말을 천천히 한다든지 하는 것들이지요. 내 행동을 기준으로 다른 사람을 보고 다르면 그것이 잘못되었다거나 불쌍하게 생각하지 말고, '나랑 다른 생활 방식으로 사는 사람도 있구나! 때로는 기다려 주기도 해야겠다.'고 여기는 게 어떨까요? 함께 불편함을 나누는 것도 좋다고 생각해요."

"세계 어린이에 대해 학습한다고 했는데, 오늘은 다른 나라에 관한 이야기는 듣지 못했어요."

따지기 좋아하는 진수가 말했어요.

발표자들은 조금 머뭇거렸어요. 그러자 선생님이 나서서 이야기하십니다.

"좋은 의견이에요. 오늘은 우리 주변의 장애가 있는 사람들의 인권에 대해 이야기를 했는데, 세계 여러 나라의 장애 어린이들도 우리 주변 친구들과 크게 다르지는 않을 거예요. 물론 복지가 잘되어 있는 나라와 그렇지 않은 나라의 차이는 크겠지만요. 그건 다음 시간에 더 공부하기로 하지요."

이야기 톡톡!

영환이 : 저는 뇌성마비를 앓고 있어요. 몸이 제 마음대로 움직여지지 않아요. 저를 잘 모르는 친구들은 저를 흉내 내기도 해요. 그러면 무척 부끄러워요. 엄마 아빠는 장애는 부끄러운 게 아니라고 했어요. 저도 그렇게 생각하지만, 아직 장애가 있는 어린이에 대한 이해가 많이 부족하다고 생각해요. 친구들에게 장애에 관한 이야기를 더 해 주세요.

나인권 선생님 : 누구라도 자신이 장애를 가지고 태어나길 바라는 사람은 없어요. 장애아를 낳은 부모도 원하지 않는 일이고, 장애가 있는 아이도 스스로 원해서 태어난 것이 아니니까 말이에요. 장애를 가지고 태어나는 일은 옛날에도 있었고, 지금도 계속 이어지고 있어요. 후천적으로 장애를 가질 수도 있고요. 그러니까 장애에 대한 우리의 편견을 없애고 더불어 같이 살 수 있도록 노력하는 것이 중요하지요.

장애가 있는 사람의 인권

인권이 처음부터 만들어져서 모든 사람이 행복하게 살 수 있었던 게 아니었던 것처럼, 장애가 있는 사람의 인권 역시 힘난한 길을 걸어왔어요.

유럽에서는 장애인을 '악마에 홀린 사람'이라고 생각하기도 했지요. 제2차 세계 대전이 끝나고 인권 의식이 생기면서 차츰 장애를 가진 사람들의 인권에도 관심을 두기 시작했어요.

장애인을 위한 '사회 보장을 누릴 권리'도 생겼어요. 여러분도 알고 있는 '세계 인권 선언'에 들어가 있는 거예요. 또, 장애인에 대한 차별을 금지하는 '국제 인권 규약'도 만들어졌어요.

유엔은 한 걸음 더 나아가 1975년 12월 9일에 '장애인 인권 선언'을 채택했어요. 여기에서는 장애인이 가능하면 장애가 없이 생활하는 사람들과 더불어 같이 살 수 있도록 노력해야 한다고 강조했어요.

현재 초등학교에서 장애가 있는 어린이들이 보통 학급에서 생활할 수 있도록 한 것도 이런 규정이 생겼기 때문이에요. 장애가 있을 뿐, 사람으로서 다른 것은 없다는 거지요. 그리고 이 선언에서는 장애인들의 많은 권리를 인정했어요.

- 일상적이고 만족스러운 생활을 누릴 권리
- 다른 시민들과 동등한 시민적, 정치적 권리
- 자립 생활을 할 수 있도록 지원받을 권리
- 재활 서비스를 받을 권리
- 직업을 가질 권리
- 부모나 가족과 같이 생활하며 모든 사회적 창조적 활동과 오락 활동에 참여할 권리

이런 노력이 결실을 거두어 2005년에 '유엔 장애인의 권리에 대한 협약'이 채택되었어요. 미국은 1990년에 '장애인 차별 금지법'을 제정했고, 영국은 1999년에 장애인 권리 위원회에서 장애인 차별을 조사하고 장애인 권리를 보장하기 위해 노력하도록 했어요.

우리나라에서도 얼마 전까지만 해도 장애인에 대한 편견이 심했어요. 자신의 아이가 장애를 가지고 태어나면 집에 숨겨 두기까지 했어요. 그래서 장애인들이 눈에 잘 띄지 않았던 거예요. 그러나 1970년대 들어 장애 아동이 비장애 아동들과 같이 생활할 수 있도록 하자는 목소리가 높아졌어요. 지금 여러분 학교에서도 장애가 있는 어린이들이 같은 교실에서 공부할 수 있게 된 것도 이런 노력의 결과입니다.

사람이라면 누구나 다 사람답게 살 권리가 있어요. 장애가 있는 사람들도 같아요. 장애가 있건, 없건 모두 더불어 살아가기 위한 사회를 만들기 위해서는 서로에 대한 관심과 배려가 필요해요.

아동 인권이 걸어온 길

"어린이도 사람인가요?"

이 질문을 듣고 어린이 여러분은 이렇게 반응할지도 모릅니다.

"헐……."

사실 근대 이전에 어린이는 사람의 범위에 들어가지 않았다고 해요. 이렇게 억울할 수가! 어린이가 자라서 어른이 되는데, 어른은 사람이고, 어린이는 사람이 아니라니 말이 안 되지요.

중세 유럽에서는 어린이들에 대한 매질과 벌이 허용되었어요. 어린이들은 악에 물들기 쉬우므로 아이들 몸에 붙은 악을 떼어 놓으려면 어쩔 수 없었다고 하네요.

그러다 어린이의 인권을 주장한 학자가 나타났어요. 바로 장 자크 루소예요. 지금도 교육서로 널리 읽히는 《에밀》이라는 책에서 그는 이전과는 다른 생각을 말했지요.

> **어린이는 선하게 태어난다. 부모는 어린이의 선한 기질을 건강하게 키울 수 있도록 도와주어야 한다. 또, 어린이들이 어린 시절을 즐기고 경험할 수 있도록 해야 한다.**

루소는 어린이에게는 어린 시절을 즐겁게 지낼 권리가 있다고 주장했어요.

스위스의 교육학자, 페스탈로치도 잘 알고 있지요? 그는 어린이도 고유한 인격을 가지고 있다고 주장했지요. 스페인 교육학자 페레라는 한 걸음 더 나아가 학교에서 체벌해서는 안 된다고 주장했어요. 아직도 학교에 체벌이 존재하는 우리나라를 생각하면 너무나 부러운 일이지요.

이후 아동 인권을 위한 노력이 하나둘 나타나기 시작하지요. 어린이 노동 시간을 줄이는 법이 만들어지고, 19세기 후반에는 어린이들이 의무 교육을 받을 수 있도록 하는 제도가 만들어졌어요.

20세기에는 국제적으로 어린이 권리를 보장하기 위한 노력이 시도되었어요. 전쟁을 겪으면서 고아들이 많이 생겨났고, 이런 현실을 보면서 어린이 권리에 대한 국제 선언서가 작성된 거지요. 그것이 바로 제네바 선언, 즉 '아동 권리 선언'이에요.

1923년에 소파 방정환은 아동을 위한 권리 공약 3장을 만들었어요.

하나, 어린이를 완전한 인격체로 예우한다.
둘, 만 14세 이하 어린이의 노동을 금한다.
셋, 어린이들은 배우고 놀 권리가 있다.

그 이후 어린이 인권 선언은 이런 과정을 거쳐 성장해요.

1959년 유엔 아동 권리 선언
1979년 국제 아동의 해 선포
1989년 유엔 아동 권리에 관한 협약 채택

어린이 인권이 지켜지는 데는 정말 긴 시간이 필요했어요. 지금은 이렇게 만들어진 것을 제대로 실천해야 할 때이지요.

생각이 깊어지는 자리

✿ 다음을 읽고 생각해 보세요.

과학 전담 시간의 일이었어요.

모둠을 만들어서 실험하고 보고서를 내는 과제가 있었어요. 갑자기 상욱이가 손을 들고 말해요.

"장애인이랑 같이 모둠 활동을 하라는 말씀이신가요?"

아이들은 눈을 동그랗게 뜨고 선생님과 상욱이를 쳐다보았어요.

선생님은 화를 내지 않으셨어요. 그리고 상욱이에게 물었어요.

"장애인에게도 똑같은 인권이 있다는 사실을 배웠나요?"

"네."

"그럼 장애가 있는 친구와 같이 활동하는 것이 올바른 행동이라는 것은 알고 있겠군요."

"그렇지만 배운 대로 다 하지는 않잖아요. 저는 싫어요. 그리고 저도 제가 생각하는 것을 말할 권리가 있어요."

"아, 그렇군요. 그럼 선생님이 상욱이가 한 말이 인권을 침해한 것이 맞는지 인권 위원회에 문의해 보아도 좋을까요?"

"……."

그제야 상욱이는 아무 말도 하지 않았어요.

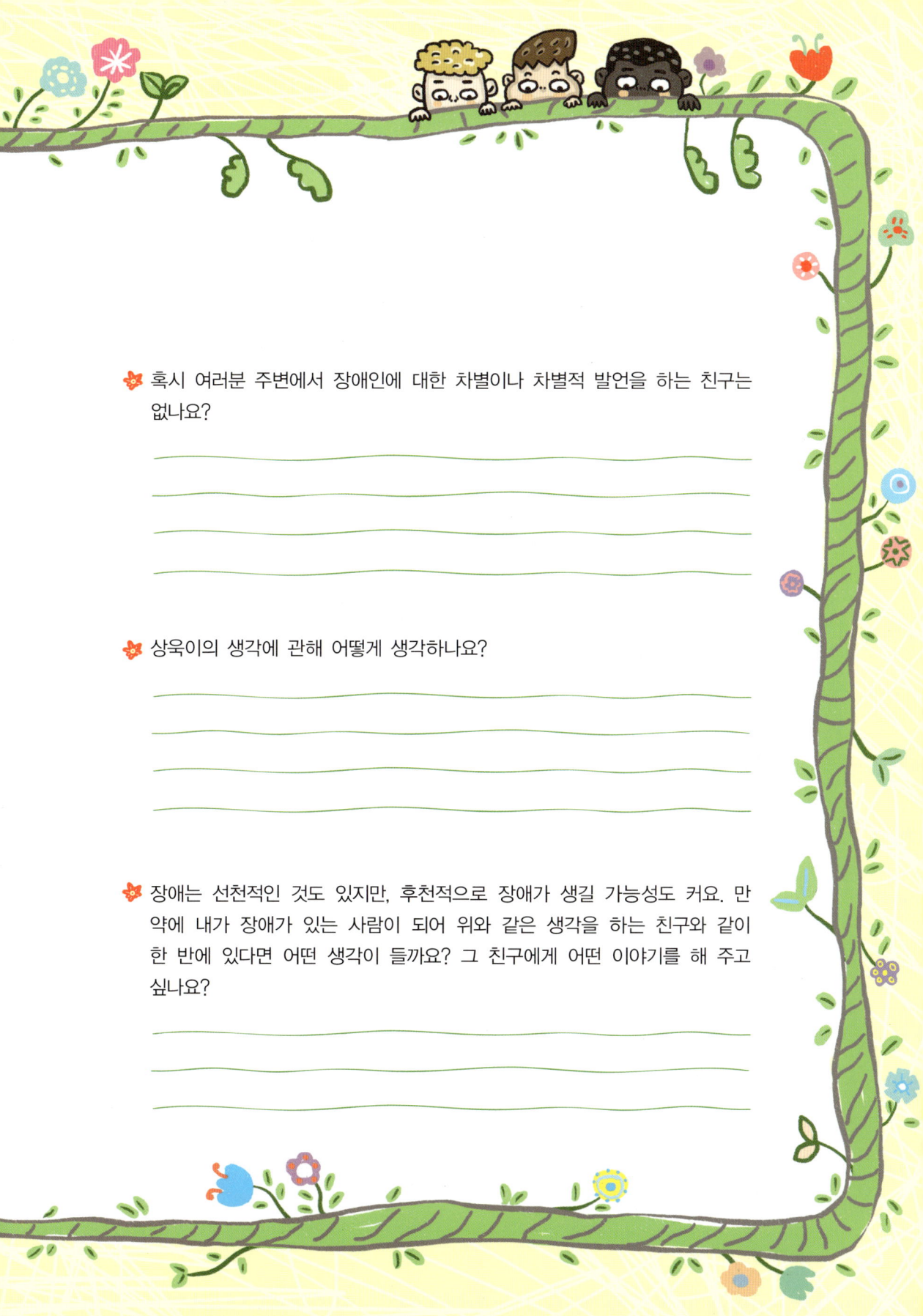

🌸 혹시 여러분 주변에서 장애인에 대한 차별이나 차별적 발언을 하는 친구는 없나요?

🌸 상욱이의 생각에 관해 어떻게 생각하나요?

🌸 장애는 선천적인 것도 있지만, 후천적으로 장애가 생길 가능성도 커요. 만약에 내가 장애가 있는 사람이 되어 위와 같은 생각을 하는 친구와 같이 한 반에 있다면 어떤 생각이 들까요? 그 친구에게 어떤 이야기를 해 주고 싶나요?

8화 전쟁 속 어린이

어린이 병사 라케라 리리

오늘은 전쟁터에 병사로 나가는 어린이들 이야기를 하려고 해요.

어린이 병사란 만 18세 미만의 어린이가 어떠한 이유로 전쟁에 동원되는 것을 말해요. 현재 전 세계적으로 약 30만 명이 있어요.

우간다의 라케라 리리는 어린이 병사였어요.

1984년 우간다에서 태어난 라케라는 가족과 행복하게 살고 있었지요. 그런데 우간다의 반정부 세력 병사들이 라케라를 잡아갔어요. 라케라는 수단으로 끌려가서 총 쏘는 법을 배웠어요. 왜 배워야 하는지도 모르면서 맞아 죽지 않기 위해 시키는 대로 했어요. 라케라는 그곳에서 8년 동안 병사이자 가정부로 일했어요.

또, 전쟁에 나가 싸워야만 했지요. 왜 싸워야 하는지 모르면서 단지 죽지 않기 위해 상관의 명령대로 총을 쐈어요. 그런 라케라가 18살 되던 해 정부군과 전투가 벌어졌어요. 그때 라케라는 정부군에 넘겨졌어요. 그래서 겨우 병사 생활을 그만둘 수 있었지요.

라케라처럼 유괴되어 병사가 되는 아이들이 우간다에는 2만여 명이 된다고 해요.

전쟁이 일어나면 어떤 일이 벌어질까요? 전쟁에 나가서 싸우는 것은 군인들뿐만이 아니에요. 총을 들고 싸울 능력이 있는 어른들만이 전쟁터에 나간다고 생각했나요? 전쟁이 일어나면 모든 사람은 사람답게 살아갈 권리를 빼앗기게 됩니다.

이야기 톡톡!

해철이 : 어른들은 왜 전쟁을 할까요? 전쟁터에 나가야 하는 어린이들에 대한 이야기를 더 들려주세요.

나인권 선생님 : 모든 사람은 평화를 원하지요. 그렇지만 자신들의 이익, 자신들이 정의롭다고 생각하는 것, 또는 민족, 종교를 먼저 생각하면서 갈등을 만들어 가는 사람들도 있어요. 그래서 전쟁이 일어나지요.

전쟁이 눈앞에서 일어나는 것은 아니니까 실감이 나지 않지요? 하지만 전쟁터에 나가는 어린이들이 얼마나 많은지 알면 놀랄 거예요.

자, 세계 지도를 펼쳐 보세요. 지금부터 이야기하는 나라를 찾아보세요. 낯선 나라 이름도 많을 거예요.

러시아, 이스라엘, 팔레스타인, 이란, 이라크, 콩고 공화국, 르완다, 부룬디, 앙골라, 기니, 시에라리온, 코트디부아르, 차드, 중앙아프리카 공화국, 수단, 예멘, 소말리아, 아프가니스탄, 인도, 네팔, 미얀마, 필리핀, 인도네시아.

이들 나라에서는 현재 어린이 병사들이 어른들의 싸움에 이용당하고 있답니다.

소말리아는 1991년부터 나라 안에서 전투를 시작했대요. 정권을 차지하기 위해 어린이들을 끌어들였지요. 한 조사에 의하면 최근에 어린이들이 총을 가지고 있거나, 민간 부대에 소속되어 있는 어린이들 수가 20만 명이나 된다고 합니다.

정말 걱정되는 일이에요.

체첸에서는 여자 어린이들이 자살 폭탄 테러에 이용되기도 하고, 무장 공격을 하기 위한 준비 단계로 어린이들을 이용하기도 한대요. 싸움터에 나가는 전투원이나 간첩, 노예로 부리기도 하지요.

세계의 어린이 병사들을 구하기 위해 활동하는 사람들의 덕택으로 몇몇 나라에서는 어린이들이 다시 사회로 돌아갈 수 있었어요. 그렇지만 어린이들이 전쟁터에서 겪은 상처를 누가 치료해 줄 수 있을까요?

사람은 자신의 의지와는 관계없이 태어납니다.

어느 곳에서 태어나느냐에 따라 살아가는 모습도 달라집니다. 만약 여러분이 아프리카의 가난한 나라에 태어나서, 어린 나이에 전쟁터에 나가야 한다면 어떤 생각이 들까요?

히로시마 할머니의 원폭 경험 이야기

나는 1936년 3월 16일 일본 히로시마에서 태어났단다.

오 남매 중 넷째로 태어났는데, 일본에서 태어났기 때문에 당연히 나는 일본 사람이라고 생각했지.

유치원을 마치고 초등학교에 들어갔어. 1학년이 되던 해 12월 8일, 담임 선생님이 태평양 전쟁이 시작되었다고 가르쳐 주었어. 전쟁에서 이기려면 우리 모두 힘을 합해서 물자를 아껴 쓰고 절약해야 한다고 귀가 닳도록 말씀하셨지.

학교에서는 공부하는 시간보다 공습 훈련하는 시간이 더 많았어. 두꺼운 방석을 반으로 접어서 한쪽을 꿰매고, 그 가운데 끈을 달아 방공모 대신 쓰고 다녔어.

매일매일 공습경보가 울리면 재빨리 방석 모자를 뒤집어쓰고 두 손으로 귀와 입을 막고 책상 밑에 엎드리는 연습을 했단다.

그때는 전쟁을 하는 시기였으니 먹을 것도 귀했지. 그때 내 소원은 쌀밥을 한 그릇 먹어 보는 것이었어. 그렇지만 그건 생각할 수도 없는 일이었지.

어려서 철이 없던 나는 늘 밥그릇을 재빠르게 비웠단다. 그리고 아버지 얼굴을 빤히 쳐다보고 앉아 있었지. 그러면 내 애처로운 모습에 아버지는 아버지 몫의 밥을 내게 내밀곤 하셨어.

정말 철이 없는 행동이었지만 그만큼 배가 고파서 견딜 수 없을 만큼 힘들었단다.

전쟁은 사람을 참 염치없이 만드는 것 같아. 그때 아버지는 얼마나 배가 고프셨을까? 지금 생각하면 가슴이 미어진단다.

전쟁을 위해 모두 공습 훈련을 했지만, 막상 원자폭탄이 떨어지던 날, 그런 것들은 전혀 도움이 되지 않았어.

1945년 8월 6일 오전 8시 15분.

원자폭탄이 히로시마에 떨어진 날, 아무도 그것이 원자폭탄이라고 생각하지 못했지. 그때 마침 공습경보도 해제되어서 아무도 그런 일이 벌어질 거라고는 상상도 못 했어.

세상에서 가장 무서운 원자폭탄이 내가 사는 동네에 떨어질 거라고 누가 예상할 수 있었겠니.

그때 나는 초등학교 4학년이었단다. 학교 운동장에 있었는데, 갑자기 하늘이 노란빛으로 가득 찼어. 눈을 뜰 수 없을 만큼의 섬광이 비친 다음, 곧 땅이 뒤집힐 듯한 커다란 폭음이 세상을 뒤덮었지.

번개가 세상을 가득 채우고 천둥처럼 귀를 찢는 것 같은 굉음이 내 주변을 다 뒤집어 놓을 것 같았지. 태어나서 처음 본 무서운 광경이었어.

아무리 말을 해도 아마 너희는 잘 이해할 수 없을 거야.

나는 어린 마음에 그 빛을 보고 미국 비행기가 우리 사진을 찍고 있는 거라고 생각했단다.

사진관에 가서 사진을 찍으면 '펑' 하는 소리가 나면서 빛이 반짝였는데, 내 경험으로는 그것밖에 생각할 수 없었어. 미국은 나쁜 나라라고 배웠고, 그런 미국이 비행기에서 우리 마을을 사진 찍는다면 분명히 좋은 일이 아닐 거라고 생각해서 나는 얼른 나무 밑으로 피했단다. 사진 찍히지 않으려고 말이야.

전차를 타고 출근하던 사람들은 전차를 탄 채로 새카맣게 타 죽었고, 화상을 입은 사람들은 물을 찾아 헤매다 방화 수통 근처에서 죽어갔지. 히로시마, 온 도시는 죽음으로 가득했단다.

그런 무시무시한 원자폭탄이 8월 9일 나가사키에 또 한 번 떨어졌단다. 두 도시는 정말 눈 깜짝할 사이에 죽음의 도시로 변했어. 너무나 끔찍한 현실 앞에서 누구도 어찌할 방법을 찾을 수 없었어.

결국, 일본은 1945년 8월 15일 무조건 항복했지. 우리나라도 일본 식민지에서 해방된 기쁨을 맛볼 수 있었어. 그렇지만 그 기쁨을 느낄 사이도 없이 일본에 살던 한국 사람들은 또 다른 어려움을 겪어야 했지.

해방되었으니 우리는 이제 일본 사람이 아니었단다. 그래서 한국으로 돌아와야 했어. 우리 가족은 밀항선을 타고 부산을 향해 떠났어. 요즘 같으면 몇 시간이면 오는 길을 일주일 넘게 걸려서 도착했단다. 시간이 길어진 건 어뢰 때문이었어.

그렇게 해서 내 나라에 돌아왔지만, 처음에는 낯설기만 했단다. 왜냐하면, 우리는 태어나면서부터 일본말을 배워서 일본말밖에 쓸 수 없었기 때문이야. 우리말을 배우느라 또 고생했지. 정말 열심히 공부했어.

그러던 어느 날, 언니가 이유도 없이 머리가 아프다면서 일어나지 못하더니 사흘 만에 그만 세상을 떠나고 말았단다. 그때만 해도 원자폭탄을 맞은 사람들에게 일어나는 증상을 몰랐기 때문에 우리는 원폭 후유증으로 죽었다고는 생각하지 못했지.

몇 년이 지난 뒤에 내 몸에서도 이상한 증상이 나타나기 시작했어. 온몸에 이상한 반점이 생기고 몸이 나른해져서 정상적인 생활을 할 수 없게 된 거야. 여기저기 병원을 찾아다녀도 원인을 알 수 없다고 했지. 그러던 어느 날 큰 병원에 갔더니 의사가 '빛에 의한 광선 쇼크'라는 이야기를 했어. 그제야 비로소 히로시마에서 피폭당한 후유증이라는 것을 알게 되었지. 그땐 얼마나 놀라고 기가 막혔는지 울기만 했단다.

피폭 후유증이라니…….

어른들이 하셨던 이야기가 떠올랐단다.

원자폭탄 때문에 히로시마가 전부 방사능으로 오염되어서 식물도 자라지 않고, 물도 오염되어 사람이 제대로 살 수 없는 땅이 될 거라는 이야기 말이야.

그런데 내가 그런 무서운 원자폭탄의 빛을 받아 몸에 반점이 생기다니, 얼마나 두렵고 무서웠는지 몰라.

얼마 뒤, 나는 다행히 나와 같은 증상을 겪고 있는 일본 원폭 피해자를 만나게 되었어. 그분의 도움으로 일본에 가서 치료를 받아 보통 사람들처럼 평범하게 살 수 있었단다.

히로시마에 원폭이 떨어져서 희생당한 사람들 가운데 한국 사람들이 3만 명이나 있었어. 많은 분이 그 후유증으로 돌아가셨지. 현재 원폭 협회에 등록된 회원은 약 2,630명 정도란다. 지금도 여

기저기 몸이 아파서 고생하시면서 지내셔.

  너희는 정말 평화로운 세상에서 태어나 행복하게 살고 있는 거야. 그러니 이 행복하고 평화로운 세상을 지켜야 하지 않겠니? 전쟁과 핵무기가 없는 세상에 살기 위해 너희가 해야 할 일이 무엇인지 생각해 보렴.

* 히로시마에서 태어난 변연옥 할머니가 초등학교에 와서 6학년 아이들에게 들려준 이야기입니다.

끊이지 않는 전쟁, 피할 수 없을까?

20세기는 전쟁의 세기였다고 해요. 지구 곳곳에서 총성이 울려 퍼졌지요. 전쟁으로 인권이 짓밟히고 불행한 나날을 보낸 사람들의 수는 헤아릴 수 없을 만큼 많았어요.

지금도 전쟁은 계속되고 있어요. 정의라는 이름을 앞세우고 있지만, 전쟁과 상관없는 어린이와 여성들도 무차별적으로 희생당했지요. 제2차 세계대전 당시, 독일과 일본 정부는 소년병을 전쟁터로 내몰았어요. 그 시대 파시즘과 애국을 강요당한 소년들이 전쟁터에 나갔던 거지요.

지금도 가난한 지역에서 어린이들이 병사로 내몰려 전쟁터에서 인권을 유린당한 채 살아가는 일들이 너무나 많이 벌어지고 있어요.

전 세계 어린이 병사가 30만 명이나 된다는데, 그들을 위해 우리가 할 수 있는 일은 무엇이 있을까요?

일본의 구스하라 아키라라는 분은 어린이 병사에 관심을 두고 그들의 처지를 세계에 알리는 일을 적극적으로 하고 있어요. 어린이 병사들의 슬픔과 울분에 귀를 기울여야 한다고 이야기하지요. 더 나아가 어린이들이 자신을 소중하게 여기고 사랑할 줄 알아야 한다고 해요. 또한, 내가 현재 살아가는 삶의 방식을 우리나라 역사와 연관 지어 생각해 보고, 다른 지역에 사는 아이들의 문제와 함께 생각해 보는 것이 필요하다고 말하지요.

이런 일들이 어린이 병사를 줄여나가는 데 직접적으로 도움이 되진 않더라도 우리의 편견을 없애고 같이 살아갈 방법을 찾는 첫 단추가 될 거예요.

- 내가 살고 있는 지역이 아닌 다른 곳에서 벌어지는 일에 관심을 둔다.
- 어린이 병사와 관련한 책을 읽는다.
- 자기가 알고 있는 내용을 많은 사람에게 알린다.
- 아직도 어린이 병사들이 있는 나라의 대사관에 편지를 쓴다.

생각이 깊어지는 자리

❋ 다음은 어진이가 쓴 편지예요. 글을 읽고 생각해 보세요.

한병철 대사관님께

안녕하세요? 저는 한국에 사는 어린이입니다.

실은 제가 얼마 전에 어린이 병사에 관한 책을 읽었어요. 그 책을 보고 너무 마음이 아팠어요.

제 또래의 친구들이 병사가 되어 힘든 일을 한다는 것을 알고 이대로 있을 수 없어서 편지를 드립니다.

부디 부탁드리니, 이제 더는 제 친구들이 전쟁터로 나가는 일이 없도록 해 주세요.

학교에 가서 공부도 하고 친구들도 뛰어놀 수 있게 해 주세요.

2016년 8월 23일 한국에서 김어진 드림

❀ 전쟁이 끝난 후에도 전쟁으로 인한 후유증을 앓고 있는 사람들이 많이 있어요. 이들의 안정되고 평화로운 생활을 위해 대사관에 편지를 써 보세요.

3장

생활 속 인권 이야기

다 같이 청소하면 안 되나요?

일기장을 두 개나 쓰고 싶지 않아요!

엄마 아빠랑 같이 살고 싶어요!

9화 일하는 사람의 권리

전태일과 노동 이야기

3월이 시작된 지 벌써 석 달째, 5월도 이제 막 끝나갑니다.

선생님은 아이들에게 조금 슬프지만, 꼭 알아야 할 이야기를 해 주겠다고 하셨어요.

"무슨 이야긴지 빨리해 주세요."

아이들이 조릅니다.

너희는 커서 무엇이 되고 싶니? 아마도 돈을 잘 버는 회사원, 혹은 연예인, 운동 선수, 박사, 외교관 같은 사람이 되기를 바랄 거야. 그런데 잘 생각해 보렴. 이 세상에 없어서는 안 될 사람은 우리 생활에 필요한 물건을 만들어 내는 사람들이야. 그러니까 농부, 어부, 광부, 그리고 공장에서 일하는 사람들 말이야. 요즘엔 유통 단계를 거쳐 생활필수품을 손쉽게 구할 수 있잖아. 그러다 보니 사람들은 생활에 꼭 필요한 것을 만드는 사람들에게 별로 관심을 두지 않을뿐더러 그들의 임금이 얼마인지 신경 쓰지 않아. 또, 안다고 할지라도 그렇게 사는 것이 그 사람들 몫이라고 생각한단다.

우리나라 경제가 한창 발전하던 1960년대에 공장에서 일해야 했던 어린 노동자들의 권리를 찾아 주려고 자기 몸을 바친 사람이 있어. 바로 전태일 열사란다.

전태일은 1948년에 태어났어. 우리나라가 해방되고 3년 뒤니까 먹고살기가 만만치 않았던 시절이었지. 게다가 곧바로 이어진 한국 전쟁은 이 땅의 많은 사람을 힘들게 했어.

휴전 이후, 사람들은 일이 되는 것은 무엇이든지 했단다. 1960년대에 들어 시작된 경제 개발 정책은 많은 사람을 부자가 되게 했지만, 한편으로는 농촌에서 농사짓고 살던 많은 사람을 공장 노동자로 만들었어.

전태일도 그렇게 청계천의 옷을 만드는 공장에 수습공으로 일하다가 많은 노동자의 어려운 생활을 지켜보게 되었지. 사람답게 살기 어려운 적은 월급, 먼지 가득한 좁은 방에서 점심도 제대로 먹지 못하고 일하는 어린 소녀들을 보면서 늘 마음 아파했지. 어떻게 해서라도 그들을 돕고 싶었단다.

　그러던 어느 날, 전태일은 노동자를 위한 근로기준법이 있다는 것을 알게 되었어. 전태일은 근로기준법을 읽고 깜짝 놀랐어. 법에 따르면, 하루 8시간 노동 시간을 지켜야 하고, 일주일에 한 번 쉬어야 하며, 어린 노동자들에게 일을 시켜서는 안 되고, 여자 노동자들에게는 한 달에 한 번 특별 휴가를 주어야 했지. 법에 그렇게 적혀 있는데 청계천 의복 공장의 주인들은 이러한 사항을 한 번도 지킨 적이 없었어.

　근로기준법을 공부하면서 전태일은 부당하게 대우하는 공장 주인들에게 항의하기도 하고, 어린 노동자들을 대변해 주기도 했단다. 그런 전태일을 주인들이 지켜보기만 하지는 않았겠지. 결국, 전태일은 공장에서 쫓겨났어. 하지만 뜻을 굽히지 않았지. 전태일은 근로기준법을 공부하는 '바보회'라는 모임을 만들고 청계천에 있는 옷 만드는 공장에서 일하는 사람들의 열악한 근무 조건을 곳곳에 알리려고 노력했단다.

　노동청에도 찾아가고, 방송국에도 가서 공장 근로자들의 모습을 이야기하려고 했지만 아무도 전태일의 이야기에 귀 기울여 주지 않았어. 모두 공장 주인의 입장만 생각했지.

　그때 한 기자가 전태일에게 제안했어. 실제로 공장의 상황이 얼마나 나쁜지 구체적으로 조사해서 그 자료를 보내 주면 기사로 내보낼 수 있게 애써 보겠다고 한 거야.

전태일은 정말 기뻐서 동료들과 공장의 근로 조건을 조사하기 위해 설문지를 돌렸단다. 드디어 그 노력이 결실을 거두었지.

'골방에서 하루 16시간 노동'이라는 제목의 기사가 신문에 실리게 된 거야. 전태일과 동료들은 기뻐서 어쩔 줄 몰랐어. 그러나 그런 기쁨도 잠시. 기사가 났을 때는 잠시 관심을 기울이던 사람들은 금세 전태일과 청계천의 노동자들을 잊고 말았어.

이런 현실에 낙담한 전태일은 다른 사람들이 알지 못하게 굳은 결심을 했지.

'근로기준법을 지켜라!'
'더는 어린 노동자들을 고생시키지 마라!'

그렇게 외치면서 자신의 몸에 불을 붙였단다. 너무나 어이없고 가슴 아픈 이야기지.

전태일은 끝내 살아남지 못하고 이 세상을 떠났어. 그렇지만 그가 우리 사회에 남긴 메시지는 아직도 많은 사람에게 남아 있단다. 그의 뒤를 이어 노동자들의 인권을 지키려고 하는 사람들이 줄지어 생겨났으니까 말이야.

선생님의 이야기를 듣는 아이들의 얼굴엔 엄숙한 기운이 맴돌았어요.

진희 : 오늘 우리 반에서 전태일 아저씨에 관해 공부했어요. 전태일 아저씨가 그토록 지키려고 했던 근로기준법이 어떻게 생겨났는지 알고 싶어요.

나인권 선생님 : 사람은 누구나 성인이 되면 노동을 하면서 살아갑니다. 일을 하는 것이지요. '노동'이란 말 대신 '근로'라는 말을 쓰기도 해요. '근로'라는 말을 더 쉬운 말로 하면 '일'이지요.

일은 왜 할까요? 당연히 먹고살기 위해 생활비를 벌어야 하기 때문이지요. 그런데 '일'이 어떤 사람의 일이 되느냐에 따라 생각의 차이가 있을 수 있답니다.

회사나 공장을 경영하는 사람의 일은 그 회사나 공장의 근로자에게 일을 주어 자신이 얻고자 하는 이익을 남기는 것이겠지요. 근로자들은 자신의 생계를 위해 일을 하고, 일한 결과 돈을 받아가지요.

다시 한 번 더 정리하자면 경영자는 경영자 나름대로 돈을 많이 벌고 싶어 하고, 근로자들은 근로자들대로 돈을 더 많이 받기를 원하겠지요. 그러다 보니 두 사람 사이에는 어려운 숙제가 생겨요.

경영자는 근로자에게 일을 더 많이 시켜서 돈을 많이 벌어야 하고, 근로자는 좋은 환경에서 사람의 권리를 인정받으면서 더 많은 월급을 받기를 원하는 것이지요.

그래서 나라에서는 회사나 공장을 경영하는 사람과 일하는 사람이 서로의 인권을 지켜 주면서 일할 수 있게 '근로기준법'을 만들었어요.
근로기준법에 대해 좀 더 이야기해 볼까요?

근로기준법이란 무엇인가요?

근로기준법은 헌법에 따라 근로 조건의 기준을 정함으로써 근로자의 기본적 생활을 보장하며 균형 있는 국민 경제의 발전을 위해 만든 법이에요.

근로자란 직업이 무엇이냐에 상관없이 임금을 받기 위해 사업장에 근로를 제공하는 사람을 가리키며, 근로의 개념에는 정신적인 노동과 육체노동이 다 포함되어 있어요.

근로기준법에서 정하는 근로 조건은 최저 기준이므로 어떤 이유에서든 법에서 정한 것 이하로 근로 조건을 낮출 수는 없어요. 또한, 근로 조건은 사용자와 근로자가 동등한 지위에서 자유의사에 따라 결정해야 해요.

이 법에 의하면 근로자는 남녀 성차별을 받지 않고, 국적이나 신앙 또는 사회적 신분의 높고 낮음에 의한 차별 대우를 받지 않아요. 강제로 일을 시켜도 안 되고, 때려서도 안 됩니다.

근로기준법에 나와 있는 내용 중에서 어린이 여러분이 최소한 알아야 할 몇 가지 조항을 소개할게요.

- 근로자의 근로 시간은 쉬는 시간을 제외하고 주 40시간을 넘을 수 없고, 하루 근로 시간은 쉬는 시간을 제외하고 8시간을 넘을 수 없습니다.
- 근로자의 시간이 하루 4시간인 경우 30분 이상, 8시간인 경우 1시간 이상의 쉬는 시간을 근로 시간 도중에 주어야 하며, 그 시간은 근로자가 자유롭게 이

용할 수 있습니다.
- 사용자는 근로자에게 1주일에 평균 1회 이상의 유급 휴일을 주어야 하며, 15세 미만인 사람은 근로자로 일하게 할 수 없습니다. 이 항목은 초·중등교육법에 따른 것으로 중학교에 재학 중인 18세 미만인 사람을 포함한다는 내용이 덧붙여 있습니다.
- 근로 시간은 15세 이상 18세 미만인 사람의 경우 1일에 7시간, 1주일에 40시간을 넘으면 안 됩니다. 또한, 두 사람 사이의 합의에 따라서 하루에 1시간, 혹은 1주일에 6시간을 한도로 연장할 수 있습니다.
- 여성 근로자의 경우, 근로자가 청구하면 한 달에 하루 생리 휴가를 주어야 합니다. 또한, 태어난 지 1년 미만의 유아를 가진 경우에도 근로자가 청구하면 하루 2회 각각 30분 이상의 수유 시간을 주어야 합니다.
- 더 나아가 근로자가 일하면서 부상이나 질병에 걸리면 사용자는 필요한 요양을 하게 해야 하고, 그것에 필요한 비용, 즉 요양비를 부담하여야 합니다.

이것 외에도 근로기준법에는 근로자가 일하면서 사람으로서 누려야 할 권리를 빼앗기지 않도록 하기 위한 많은 법이 있습니다.

-근로기준법에서 발췌

이제 우리에게 왜 근로기준법이 필요한지, 왜 전태일 열사가 몸을 불사르면서까지 근로기준법을 지키라고 외쳤는지, 그 이유를 알겠지요?

생각이 깊어지는 자리

🌸 다음 이야기를 읽고 함께 생각해 보아요.

　　우리 가족은 지난주에 희망 버스를 탔어요. 처음에 나는 희망 버스라고 해서 무언가 즐겁고 신나는 일이 있을 거라고 생각했어요. 게다가 밤에 버스를 타고 부산을 향해 달려간다니 모험을 하는 것만 같았어요. 동생과 나는 정말 신이 났어요.
　　그런데 막상 버스를 타러 가니 나와 내 동생 또래의 아이들은 별로 보이지 않고 다들 언니, 오빠, 아저씨, 아줌마, 또 나이가 꽤 많아 보이는 할아버지 할머니도 보였어요.
　　버스를 타기 전에 엄마가 나와 동생에게 이렇게 말씀하셨어요.
　　"우리는 놀러 가는 것이 아니야. 실은 부산의 한 공장에서 일하다 일자리를 잃은 분들이 있는데, 그분들이 다시 일하고 싶다고 자신들의 생각을 말하는 자리에 힘을 보태려고 가는 거란다.
　　그러니까 지금부터는 조금 힘들어도 참고, 하고 싶은 말이 있어도 참았다가 내일 집에 돌아가서 엄마 아빠랑 같이 이야기를 나누었으면 좋겠다."
　　우리는 엄마의 이야기에 조금 놀랐지만, 버스를 타러 나온 사람들의 표정을 봐서라도 철없이 행동해서는 안 될 것 같다고 생각했어요.

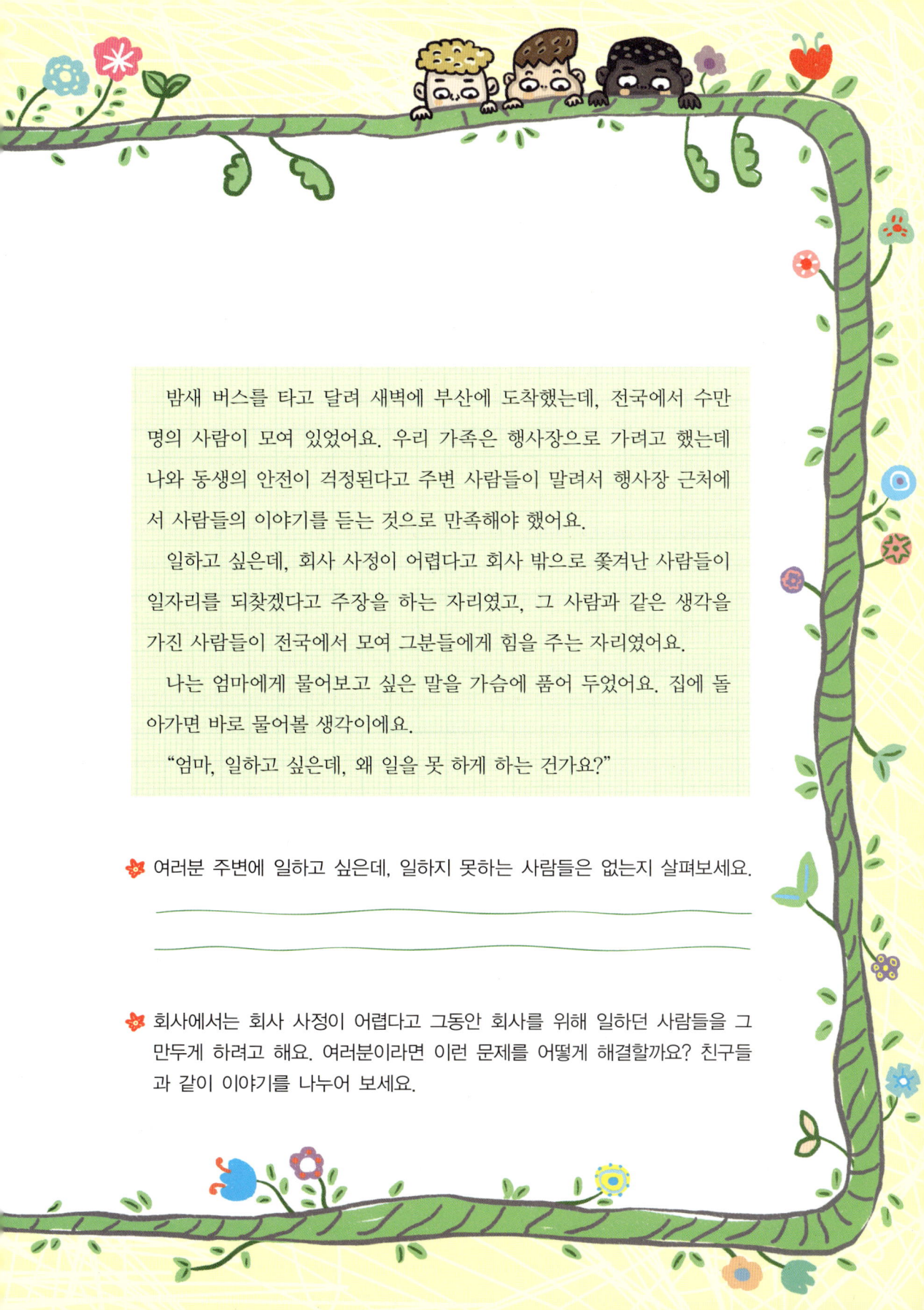

밤새 버스를 타고 달려 새벽에 부산에 도착했는데, 전국에서 수만 명의 사람이 모여 있었어요. 우리 가족은 행사장으로 가려고 했는데 나와 동생의 안전이 걱정된다고 주변 사람들이 말려서 행사장 근처에서 사람들의 이야기를 듣는 것으로 만족해야 했어요.

일하고 싶은데, 회사 사정이 어렵다고 회사 밖으로 쫓겨난 사람들이 일자리를 되찾겠다고 주장을 하는 자리였고, 그 사람과 같은 생각을 가진 사람들이 전국에서 모여 그분들에게 힘을 주는 자리였어요.

나는 엄마에게 물어보고 싶은 말을 가슴에 품어 두었어요. 집에 돌아가면 바로 물어볼 생각이에요.

"엄마, 일하고 싶은데, 왜 일을 못 하게 하는 건가요?"

❀ 여러분 주변에 일하고 싶은데, 일하지 못하는 사람들은 없는지 살펴보세요.
　　　　　　　　　　　　　　　　　　　　　　　　　　　　　
　　　　　　　　　　　　　　　　　　　　　　　　　　　　　

❀ 회사에서는 회사 사정이 어렵다고 그동안 회사를 위해 일하던 사람들을 그만두게 하려고 해요. 여러분이라면 이런 문제를 어떻게 해결할까요? 친구들과 같이 이야기를 나누어 보세요.

10화 국경을 넘은 인권

베트남 아줌마 이야기

어진이는 오늘 학교 수업이 무척 재미있었어요. 그것은 바로 수업을 하지 않았기 때문이지요. 어진이가 이렇게 말하자 엄마는,

"너희 선생님은 현명하시구나. 정말 중요한 공부를 하고도 너희가 놀았다고 생각하게 하니 말이다."

하면서 웃으십니다.

오늘 학교에서 영화 〈완득이〉를 보았어요. 한국 아버지와 필리핀 어머니 사이에서 태어난 완득이가 엄마 없이 아버지와 살면서 동주 선생님과 벌이는 인생 한 판 이야기 말이에요.

오후에는 선생님의 구수한 이야기가 이어졌으니 정말 행복한 날

이 아닐 수 없지요.

자, 그럼 지금부터 선생님의 '베트남 아줌마 이야기'를 소개하겠어요.

"신 짜오!"

다짜고짜 '신 짜오' 하시는 선생님.

아이들은 어안이 벙벙해서 선생님을 보기만 했어요.

"하하하, 너희 놀랐구나. 신 짜오! 이 말은 베트남 어란다. 사람을 만나거나 헤어질 때 하는 인사말이지. 세계화 시대에 여러 나라의 인사말 정도는 공부해 두는 것이 교양 있는 어린이의 자세 아닐까? '깜언'은 '감사해요.'라는 말이고, '신 로이'는 '미안해요.'라는 말이란다. '콤커치'는 '괜찮아요.', 쭙씨유는 '잠깐만, 잠시만' 하는 말, 아! 그리고 우리나라 사람들이 좋아한다는 '빨리빨리'는 '얄른얄른' 이라고 해."

선생님은 잠시 시간을 두시더니 이야기를 시작하셨어요.

느구웬이라는 베트남 아줌마 이야기를 하려고 해요.

느구웬 씨는 지금 충청북도 제천에서 살고 있어요. 베트남에서 한국 남자에게 시집온 거지요. 지난 여름 방학에 제천에서 교사로 일하는 친구가 있어서 놀러 갔다가 우연히 만나게 되어 친구가 되었어요.

밤늦게까지 마을에 있는 작은 학교에서 그분이 살아온 이야기를 들으면서 이 이야기는 꼭 여러분에게 들려주어야 한다고 생각했어요. 음, 선생님이 느구웬 씨 이야기를 녹음해 왔으니 잘 들어보세요.

어린이 여러분 안녕하세요? 나는 베트남 호찌민 시에서 온 느구웬이에요. 목소리를 들어서 알겠지만 여자예요. 한국말이 조금 서툴지만 내 이야기를 잘 들어주세요.

내가 한국에 온 것은 1980년대였어요. 지금은 외국에서 일하기 위해, 또는 결혼을 해서, 공부하기 위해 온 외국인이 많지만, 그때는 그리 많지 않았어요. 그래서 한국에서의 생활이 쉽지는 않았어요. 한국말도 서툴고, 생활 환경도 많이 달라서 힘든 일이 많았어요. 길을 걸으면 많은 사람이 이상한 눈으로 나를 쳐다보곤 했어요. 어떨 때는 사람들이 나를 가리키며 '베트콩'이라 부르기도 하고 '아오자이'라고 놀리기도 하고, '깜둥이'라고 놀린 적도 있어요.

힘들었지요.

그러나 시간이 지나면서 나처럼 동남아시아 여러 나라에서 일하러 온 친구들을 만났어요. 그들도 나처럼 한국 사회에서 사는 것이 힘들다고 했어요.

일할 때 무시하고, 욕을 하기도 하고, 월급을 주지 않기도 하고,

때로는 때리기도 했어요. 힘든 일을 많이 시키면서도 쉬는 시간도 잘 주지 않고, 기숙사도 깨끗하지 않았어요.

내가 아는 인도 친구가 있어요. 그 친구는 버스를 탔는데, 피부색이 검다고 차별을 받았대요. 버스 자리에 앉아 있는데, 어떤 아저씨가 '더럽고 냄새난다.'고 소리치면서 때렸대요. 그 친구는 경찰에 신고했어요. 그렇지만 그 당시는 경찰도 우리에게 친절하지 않았어요. 너희 나라에서 돈 벌고 살면 차별받을 일이 없는데, 왜 한국에 와서 차별받고 사냐고 했대요.

돈을 벌려면 억울해도 참으라고 했어요. 우리는 주먹을 쥐고 부르르 떨었어요. 우리도 사람인데, 이곳이 우리나라가 아니더라도 우리는 사람답게 대접받을 권리가 있다고 생각했어요.

다행히 한국에는 우리를 이해해 주는 사람들도 있었어요. 그 사람들은 외국에서 일하러 온 우리를 위해 많은 것을 도와주었어요. 한국 사회를 잘 알아야 자기 권리를 찾을 수 있다고 공부하게 해 주었고, 어려운 일이 있으면 직접 도와주기도 했지요.

지금 나는 제천에 살고 있어요. 내가 사는 마을에는 나처럼 베트남에서 온 사람도 있고, 필리핀, 일본, 태국에서 온 사람들도 있어요. 여러 나라에서 온 사람들이 이 지역 사람들과 함께 도우면서 잘 지내고 있어요.

나는 마을 회관에서 일주일에 한 번 베트남 어를 가르쳐요. 한국에 온 지 얼마 안 되는 사람은 한국말을 공부하기도 하지요.

서로의 말을 배우고 가르치고, 문화도 서로 나누면서 살고 있어요. 평화로운 마을이에요. 나는 지금 행복해요. 이 마을 사람들도 처음에는 외국인을 좋지 않은 눈으로 보았지만, 지금은 서로 이해하면서 따뜻하게 대해 주어요. 서로 모르는 것을 배우면서 돕고 사는 것이 모두에게 행복하다는 것을 알기 때문이지요.

내 이야기를 듣는 어린이들도 한 번쯤은 주변에 사는 외국인에게 관심을 기울여 보세요. 그리고 그들의 문화나 말에 호기심이 생긴다면 먼저 말을 걸어 주세요.

이런 이야기를 할 수 있어서 좋아요. 모두 행복하세요.

선생님은 느구웬 씨의 이야기를 들려주고 나서 아이들에게 이렇게 이야기했어요.

"만약에 여러분의 가족이 사정이 생겨서 외국에 나가 살 때, 그곳의 사람들이 여러분에게 위와 같은 행동을 한다면 여러분의 마음은 어떨까요? 요즘은 나라와 나라 사이의 국경선 같은 개념이 없어져서 비행기나 배, 혹은 자동차를 타면 다른 나라로 얼마든지 갈 수 있어요. 이러한 변화를 '세계화' 되었다고들 하지요.

세계화 시대에 살면서, 우리는 우리 주변의 외국인, 특히 한국에 와서 살고 있는 이주민들을 어떻게 대해야 할까요? 그들도 우리와 마찬가지로 사람이라는 사실, 하나만 기억하면 그들에게 상처를 주는 행동을 하지 않을 수 있을 거예요."

이야기 톡톡!

유미 : 나는 일본 가와사키에 살고 있는 재일 조선인 3세입니다. 우리 할아버지의 고향은 제주도이고, 할머니의 고향은 경상남도 거창입니다. 한반도가 일본 제국주의 시절 식민지 지배를 받을 때, 할아버지의 고향에서는 먹고살기가 어려웠다고 합니다. 일자리를 찾아 일본에 오셨고 지금까지 계속 일본에 살고 있습니다. 할아버지는 한국이든 일본이든 누구나 사람이면 똑같은 권리를 가져야 한다고 생각하십니다. 그래서 저에게도 한국말을 쓰고, 한국인이라는 것을 자랑스럽게 생각하라고 말씀하십니다.

그런데 나는 궁금합니다. 왜 일본 사람들은 한국 사람들을 나쁘게 생각할까요? 우리는 일본 사람들에게 나쁜 행동을 하지 않는데, 왜 그 사람들은 일본에 있는 한국 사람들을 무시할까요? 알고 싶어요.

나인권 선생님 : 일본에 사는 재일 조선인들이 일본 사회에서 차별받으며 살고 있다는 사실은 우리가 모두 알고 있지요. 또, 그 문제를 해결하기 위해 일본과 한국 사회의 많은 사람이 모임도 만들고, 한일 문화 교류회를 열기도 합니다. 그런데도 아직 일본 사회에는 한국인에 대한 편견을 가진 사람들이 많이 있다고 합니다. 슬픈 일이에요.

식민지 시절, 한반도의 많은 사람은 고통스럽게 살았습니다. 근대의 역사, 힘들었던 시절이었지요. 일본 사람들이 모두 다 그런 것은 아니지만, 자신들이 가해자였다는 사실을 인정하려 들지 않아요. 그런 그들의 역사에 대한 이해 부족이 자신들과 같이 사는 사람들에 대한 이해를 막고 있는 것입니다.

이 문제를 해결하기 위해서는 먼저 일본이 20세기 초에 한국을 포함한 동아시아 사람들에게 한 행위를 반성하는 것이 필요하고, 더 나아가 일본 국민에게 알려야 합니다. 그렇지만 현실은 그렇지 않지요.

나는 재일 조선인들이 일본 사회에서 차별받으며 고통스럽게 살아가는 시대가 끝나기를 간절히 기원합니다. 그러기 위해서 우리가 할 일은 오히려 일본 사람들을 따뜻하게 받아들이고, 그들의 역사적인 무지를 깨우쳐 주는 일이라고 생각해요. 동시에 한국에 사는 많은 사람도 유미가 왜 일본에 살게 되었는지를 역사적으로 이해해야 한다고 생각해요. 그래서 서경식 씨의 글을 인용하면서 일본 사회 속의 한국인을 소개하고 싶어요.

일본 사회 속의 한국인

현재 일본에는 일본 국적을 가지고 있지 않은 재일 조선인이 60만 명 정도 있어요.

재일이라는 말은 '일본에 있는'이라는 의미예요. 그들은 왜 자신들의 조국이 아닌 일본 땅에서 살고 있을까요?

재일 조선인 2세인 서경식 씨는 자신이 일본에서 살고 있는 이유를 이렇게 말하고 있어요.

> 제가 일본에 사는 이유는 지금으로부터 약 80년 전에 할아버지가 조선에서 일본으로 건너왔기 때문입니다. 할아버지는 일본의 교토에서 일자리를 구한 뒤, 가족들을 조선에서 불러들였어요. 당시 아직 어렸던 저의 아버지도 그때 일본에 와서 어른이 되었고, 비슷한 시점으로 조선에서 건너온 여성과 결혼했어요. 저는 1951년, 그 두 사람 사이에서 태어났어요.

일본 쪽에서 생각하면 서경식 씨는 외국인일까요? 아니면 일본인일까요? 어렵지요. 우리 역사를 조금 거슬러 올라가 이야기를 해 보도록 하지요.

일본은 1910년 조선을 힘으로 눌러 식민지로 만들었어요. 다른 나라의 식민지가 되었다는 것은 자기 나라가 없어졌다는 것을 의미해요. 그러니 그 당시 서경식 씨의 할아버지는 일본의 입장에서 보면 조선인이 아니라 일본인이었지요. 아니, 일본인이라기보다는 일본 국적을 가진 거지요. 자기의 의지가 아니라 갑자기 나라가 없어지는 바람에 그렇게 되어 버린 거예요.

일본이 전쟁에서 지고 나서 할아버지는 어떻게 되었을까요?

일본에서 살기는 하지만 일본 국적이 아닌 조선 국적을 가져야 했어요. 그런데 조국이 남과 북으로 분단되었어요. 일본으로 건너가기 전에는 '조선'이라는 나라였는데, 나라를 되찾고 나서는 '남한'과 '북한'으로 갈린 조국이었어요.

할아버지는 일본에서 생활하면서 자리를 잡았기 때문에 둘로 나뉜 조국에 돌아오지 못하고 일본에서 계속 생활했어요.

식민지 지배 시절에는 조선이라는 나라는 없어졌으니까 모두 다 일본 사람이라고 하던 일본이 재일 조선인들에게 이제 너희는 일본인이 아니라 외국인이라고 차별했어요.

일본에 있던 조선인들은 일본 각지에 조선 학교를 세우고, 자신들의 역사와 언어를 배우기 시작했어요. 식민지 상태에서는 엄두도 못 내었던 일이었어요. 그 뒤로도 일본은 외국인이라는 이유로 일본에 사는 조선인들에게 등을 돌렸지요.

역사적인 이유로 어쩔 수 없이 일본에 살게 된 조선인들과 함께 살고 배려하는 사회를 만드는 것이 아니라 밀어내고 못살게 굴며 차별했어요.

일본 사회에서 온갖 차별을 받으면서도 재일 조선인들은 꿋꿋하게 살아오고 있어요. 민족 문화를 보전하면서 일본 사회의 다양한 구성원 중의 한 부분으로서 인정받기를 갈망하고 있지요.

세계화가 진행되면서 우리나라에도 이주민의 수가 점점 늘고 있어요. 우리는 일본에 살고 있는 재일 조선인을 생각하면서 이 땅에 사는 이주민의 인권에 대해서 생각해야 해요.

우리 사회가 이 땅에 거주하는 모든 이들을 평등하게 대하고 차별하지 않을 때, 일본에서 생활하는 재일 조선인들에게도 희망을 줄 수 있을 거예요.

생각이 깊어지는 자리

🌸 다음은 일본에 사는 재일 교포 어린이가 쓴 글이에요.

나는 가와사키에 살고 있어요. 우리 할아버지는 일본의 식민지 시절 먹고살 길을 찾아 일본에 왔어요. 같은 이유로 일본에 오신 할머니를 만나 두 분은 결혼했어요. 나라를 잃은 두 분은 험한 일을 하면서 살아오셨어요.

우리 할아버지와 같은 사람들을 우리는 재일 조선인 1세라고 해요. 나의 어머니와 아버지는 재일 조선인 2세, 나는 재일 조선인 3세입니다.

일본에서 살고 있지만, 우리말을 잊어버리면 안 된다는 할아버지의 말씀에 따라 우리 집에서는 한국말을 해요. 우리 할아버지에게 조국은 남한도 아닌 북한도 아닌, 한반도 전체랍니다.

우리 가족의 일본 생활은 쉽지 않아요. 일본 사람들은 우리에게 '조센진'이라고 하면서 놀립니다. 일본에서 조센진이 할 수 있는 일은 그리 많지 않아요. 대체로 조선 사람들은 불고깃집 같은 음식점이나 '빠진코'를 하면서 생활해요. 하지만 모두 부지런히 살고 있어요.

가끔 일본 사람들은 우리에게 이렇게 이야기해요.

"일본에서 고생하지 말고 너희 나라로 돌아가!"

할아버지와 할머니는 그런 이야기를 들으실 때마다 한숨을 내쉬면서도 이렇게 말씀하십니다.

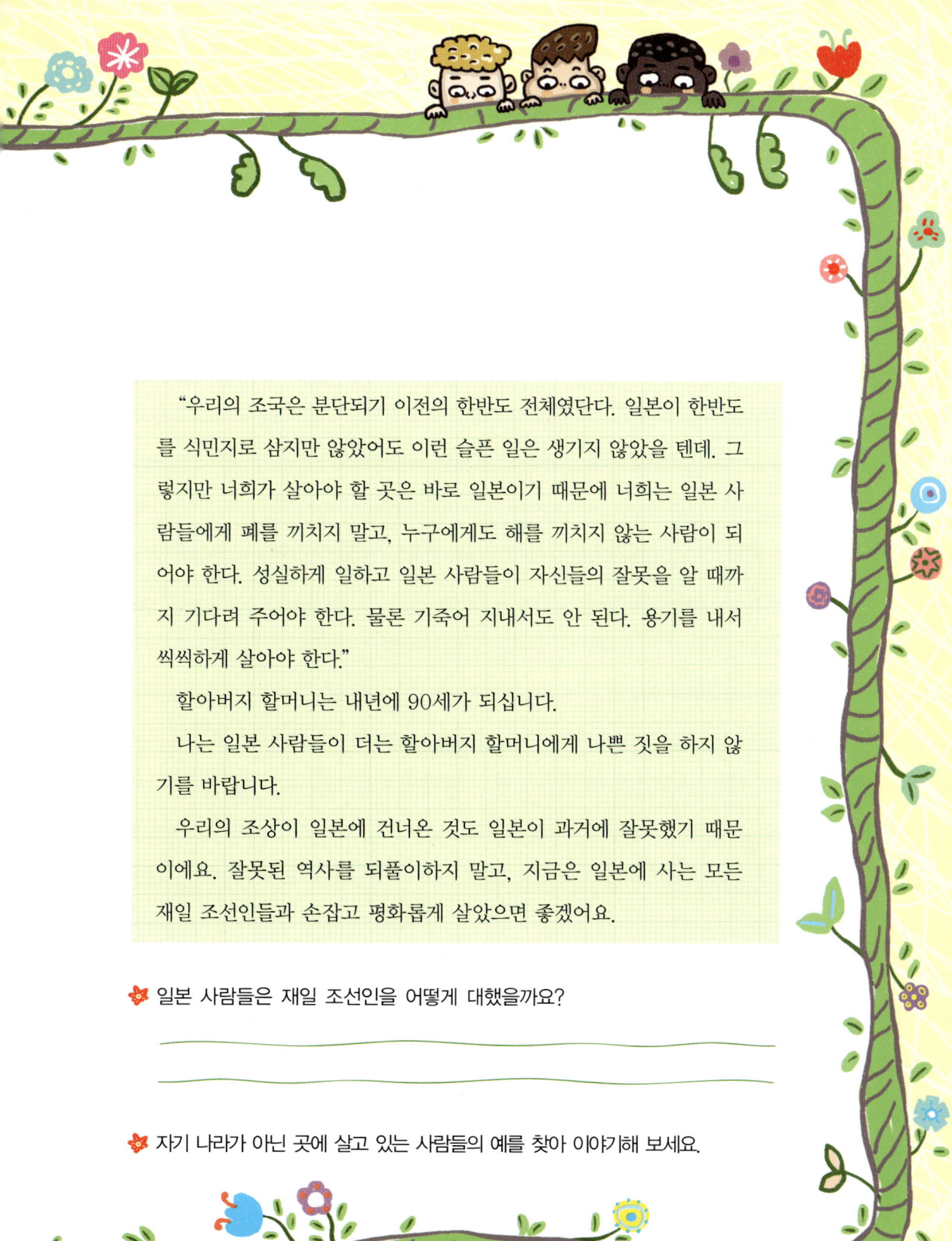

"우리의 조국은 분단되기 이전의 한반도 전체였단다. 일본이 한반도를 식민지로 삼지만 않았어도 이런 슬픈 일은 생기지 않았을 텐데. 그렇지만 너희가 살아야 할 곳은 바로 일본이기 때문에 너희는 일본 사람들에게 폐를 끼치지 말고, 누구에게도 해를 끼치지 않는 사람이 되어야 한다. 성실하게 일하고 일본 사람들이 자신들의 잘못을 알 때까지 기다려 주어야 한다. 물론 기죽어 지내서도 안 된다. 용기를 내서 씩씩하게 살아야 한다."

할아버지 할머니는 내년에 90세가 되십니다.

나는 일본 사람들이 더는 할아버지 할머니에게 나쁜 짓을 하지 않기를 바랍니다.

우리의 조상이 일본에 건너온 것도 일본이 과거에 잘못했기 때문이에요. 잘못된 역사를 되풀이하지 말고, 지금은 일본에 사는 모든 재일 조선인들과 손잡고 평화롭게 살았으면 좋겠어요.

❀ 일본 사람들은 재일 조선인을 어떻게 대했을까요?

❀ 자기 나라가 아닌 곳에 살고 있는 사람들의 예를 찾아 이야기해 보세요.

11화 우리 사회 소수자 이야기

서로 다른 종교 이야기

"응? 사이비 종교? 글쎄, 어려운 질문이구나."
"실은 종수네 집이 사이비 종교를 믿는대요."
"글쎄, 선생님 생각은 다른데? 종수가 믿는 종교를 '사이비'라고 말하는 것은 옳지 않아. '사이비'란 말의 뜻은 겉은 제법 비슷하지만 속은 전혀 다른 것을 말하는 거란다. 그러니까 사람들이 '사이비 종교'라고 할 때는 어떤 종교와 비교해서 말하는 것인데, 세상에는 종교가 아주 많이 있거든. 각각 자신의 종교가 옳다고 하면 다른 나머지 종교는 사이비 종교가 되는데, 그건 옳지 않은 생각 같구나."
"그런데요, 선생님. 종수네 형은 군대도 가지 않으려고 한대요.

우리나라에서 군대에 가지 않는 것은 불법 아닌가요? 북한이 처들어올지도 모르는데, 그럼 나라는 누가 지켜요?"

교실에 들어서자마자 선종이는 선생님과 이야기를 시작했어요.

선생님은 선종이를 자리에 들어가 앉으라고 한 다음에 이런 이야기를 하셨어요.

지구에는 상당히 많은 종교가 있어요. 그 가운데 어떤 종교를 선택할 것인지는 개인의 선택이에요. 어느 종교가 좋고, 어느 종교가 나쁜지를 누가 판단할 수 있는 것은 아니지요. 그런데 우리 사회는 언젠가부터 모든 것을 좋고 나쁨, 또는 선과 악으로 나누어서 생각하는 경향이 생겼어요. 자신이 가진 것은 옳고 다른 사람이 가진 것은 좋지 않을 거라는 생각이 강한 편이지요. 그러다 보니 힘 있는 사람이 약한 사람을 향해 휘두르는 폭력을 아무렇지 않게 생각하기도 해요.

그런 태도가 올바른 것인지 우리는 다시 생각해 보아야 해요. 조금 전에 군대에 가지 않는 것이 옳지 않다고 했는데, 조금 더 생각해 보지요.

군대와 군인은 왜 필요할까요? 우리가 원하는 세상은 전쟁이 있는 사회일까요, 아니면 평화로운 사회일까요? 왜 어떤 종교를 믿는 사람들은 군대에 가는 것을 거부할까요?

사실 '군대에 가는 것'을 거부한다기보다는 '다른 사람을 죽이

는 것'을 거부하는 거예요. 그것은 사람이라면 누구나 그래야 하는 거예요.

우리 사회에는 생명을 죽이는 것을 거부하는 종교를 가진 사람도 있고 평화를 만들어 가려고 노력하는 사람도 있어요. 이 사람들 가운데 군대에 가는 것을 거부해서 감옥 생활을 하는 사람들의 수가 점점 늘고 있지요. 그래서 우리 사회의 일부 사람들은 군대에 가는 대신 할 수 있는 활동을 만드는 것이 필요하다고 주장하기도 해요.

다만 그런 생각을 하는 사람들이 소수니까 그들이 강력하게 주장하더라도 사회에 끼치는 영향이 그렇게 크지 않지요. 그래서 아직 우리 사회가 만들어 놓은 법에 따라 감옥 생활을 하는 거예요.

우리나라는 다른 나라와 달리 남과 북으로 나뉘어 있어요. 또, 한국 전쟁을 겪었기 때문에 나라를 지키는 일이 중요하다고 생각해요. 국민으로서 국방의 의무를 수행하는 것이 필요하다고 여기는 것이 당연한 일이지요.

이런 사회에서 '총을 들고 싶지 않다.'고 주장하는 사람들이 나타나고, 이들의 문제를 다룬다는 것만으로도 우리 사회는 더 나은 앞날을 향해 한발 앞으로 나아가는 중이라고 말할 수 있어요.

사회가 발전하기 위해서는 용기 있는 누군가가 먼저 자기를 드러내야 합니다. 그것은 사회의 다른 구성원들을 자극하게 되지요. 그러면서 작은 변화가 시작됩니다. 지금이 바로 이렇게 작은 변화지만 조금씩 조금씩 인권을 소중하게 여기는 사회로 변해 가는 시기일지도 모릅니다.

종교뿐만 아니라 개인의 성적 취향에 대해서도 마찬가지예요.

'변태'라는 말을 들어 봤지요? 친구들이 조금 이상한 행동을 하면 바로 '변태'라고 하는데, 이런 언어적 태도는 바람직하지 않아요. 다른 취향을 가진 사람들에게 인격적으로 모욕을 줄 수 있기 때문이에요.

선생님 친구 중에 '동성애적 기질'을 가진 친구가 있어요. 처음에는 그 친구를 보면서 뭔가 조금 이상하고 낯설다고 생각했어요. 그렇지만 그 친구가 나중에 자신이 동성애적 기질을 가지고 있다고 나에게 말해 주었지요. 그 이후 나는 그 친구를 이해할 수 있게 되었답니다.

그 친구는 나처럼 학교에서 아이들을 가르치고 있어요. 동성애적 기질이 있다고 해서 가르치는 아이들에게 나쁜 것을 가르치는 것도 아니고, 나쁜 영향을 주지도 않아요. 음악을 좋아하고 인권과 평화에 관심이 많으며, 자신이 가르치는 아이들을 위해 늘 새로운 것을 공부하면서 지내고 있어요.

그런 친구가 어느 날, 내게 전화를 했어요. 더는 자신의 모습을 숨기고 살고 싶지 않다고 말입니다. 교사 회의에서 자신의 이야기를 하겠다고 했어요. 나는 말리고 싶었지만 그러지 못했지요.

다음 날 밤, 그 친구의 전화를 받았어요. 자신이 동성애적 기질을 가지고 있다고 공개했답니다. 마음 한편으로는 두렵기도 하고 불안하기도 했지만, 막상 공개하고 나니 마음은 후련해졌답니다. 다만 동료 교사들의 눈길이 따뜻하지만은 않았다고 했어요. 그 친구는 사람들이 자기와 같은 사람들을 더는 이상한 눈길로 보지 않는 세상이 될 때까지 참고 기다리겠다고 했어요.

내가 오늘 여러분에게 친구 이야기를 하는 것은 '다른 사람을 알고 이해하는 일'은 다른 사람의 인권을 보호해 줄 수 있는 힘이기 때문이에요.

낯설고 이상한 것을 대할 때 사람들은 누구나 망설여요. 때로는 두렵기도 하지요. 그러나 익숙해지고 나면 더는 이상하지 않아요. 지구에 사는 몇십억 인류가 살아가는 방식은 다양해요. 그 다양함을 모두 다 알 수는 없지만, 우리 사회에 존재하고 드러나는 다양함에 대해서는 알아야 한다고 생각해요.

아이들은 조용히 선생님의 이야기를 들었어요.

일우 : 우리 집은 지금 전쟁 중이에요. 대학생 형이 군대에 가야 하는데, 형은 군대에 갈 수 없다고 해요. 엄마와 아빠는 군대에 꼭 가야 한다고 하시는데, 형은 왜 부모님의 말씀을 안 들을까요? 군대에는 꼭 가야 하는 건가요? 생각해 보면 나도 군대 가기 싫을 것 같아요. 형이 어떻게 해야 우리 부모님을 설득할 수 있을까요? 방법을 알려 주세요.

나인권 선생님 : 어떻게 해야 부모님을 설득할 수 있을까보다는 형이 왜 군대에 가고 싶어 하지 않는지 이유를 아는 것이 먼저일 것 같아요.
요즘 우리 사회에는 군대에 가는 것을 거부하는 젊은 이들이 늘고 있어요. 여러 가지 이유가 있지요. 종교적인 신념 때문이기도 하고, 전쟁을 준비하는 군대의 목적에 동의할 수 없기 때문이기도 해요. 실제 양심적 병역 거부를 한 오태양 씨의 이야기를 들려줄게요.

오태양 씨는 불교를 믿어요. 그는 2001년 12월 17일 군대에 가는 것을 거부했어요. 종교적인 신념 때문이었지요. 불교에서는 살생을 금해요. 군사 훈련의 목적이 적을 살상하는 것에 있으므로 종교적 신념에 어긋나는 병역을 할 수 없다는 것이 그의 주장이었어요.

'여호와의 증인' 신자들이 매년 500명씩 병역을 거부해 왔는데, 여호와의 증인의 신자가 아닌 사람이 거부한 것은 처음이었어요. 이런 사실이 세상에 알려지면서 병역 거부를 하는 사람들이 늘어나고 사람들 사이에서 논쟁의 주제가 되었지요.

양심적 병역 거부

'양심적 병역 거부'란 말 그대로, 군대에 가서 총을 들고 생활해야 하는 것이 자신의 신념, 양심에 반하기 때문에 병역을 거부한다는 말이에요. 그러니까 양심적 병역 거부를 하는 사람들은 전쟁 및 무력 행위에 참여하는 것을 거부하는 사람들이라고 할 수 있지요.

병역을 거부하면 '나라는 누가 지키지?' 하고 걱정하는 사람도 많아요. 세계 여러 나라 가운데 병역 제도가 있는 나라는 170여 개라고 하는데, 그중에서 양심적 병역 거부를 인정하는 나라는 31개국입니다. 그 31개 나라는 '국가의 안전'이 염려되지 않아서 양심적 병역 거부를 인정하는 것일까요?

독일도 이 제도를 인정하고 있고, 중국과 대치 상태에 있는 대만도 인정하는 제도라고 하니, 우리도 생각해 볼 수 있지 않을까요?

우리 사회에는 이미 군대 생활을 대신할 수 있는 제도가 마련되어 있어요. 1969년 시작된 방위 소집제가 바로 그것이지요. 게다가 군대에 가지 않는 대신, 공공 기관에 근무할 수 있는 제도를 통해 군대 생활을 대체할 수 있도록 했어요.

그러나 아직은 양심적 병역 거부를 하는 사람들을 인정하고 있지 않기 때문에 병역법에 따라 일 년에 500명 이상의 병역 거부자들이 1년 6개월간 감옥 생활을 해요. 통계에는 1945년 이후 지금까지 1만 7,000명이 넘는 청년들이 양심적 병역 거부로 감옥 생활을 했다고 해요.

국가 안보라는 차원에서 생각하기보다 평화로운 사회로 가기 위해 내딛는 한 걸음이라고 확장해서 생각한다면 양심적 병역 거부자들은 어쩌면 '미래의 평화를 위한 밀알' 역할을 하는 것으로 볼 수 있어요.

이렇게 생각할 때 우리의 시야는 조금 더 넓어지겠지요. 평화의 섬 제주도에 해군 기지를 만들어야 한다는 생각은 애초에 떠올리지 않을지도 모릅니다.

눈앞의 경제적인 이익과 조금 느리기는 하지만 미래의 평화를 보장하는 일, 어느 것이 더 중요한지 곰곰이 생각해 보는 일이 우리에게 필요해요.

생각이 깊어지는 자리

❋ 다음 이야기를 읽고 함께 생각해 보아요.

> 연평도 포격 사건이 터지고 나서 온 나라가 흔들렸어요. 북한이 전쟁을 도발한 게 아닐까 두려워한 거지요. 그런데 한 청년이 그 사건이 있고 얼마 되지 않아 국방부 앞에서 기자 회견을 했어요. 그의 이야기 중에서 한 부분만 옮겨 봅니다.
>
> "끊임없는 전쟁의 시대, 살상을 거부할 권리를 위해 병역을 거부합니다. 지금처럼 계속 서로에 대한 공포와 적대심만 키워 나간다면 앞으로 눈물을 흘릴 사람들이 더 많아질 거예요."

❀ 연평도 포격 사건이 일어났을 때 여러분은 무슨 생각을 했나요?

❀ 포격으로 희생당한 사람들을 우리는 어떤 생각으로 추모해야 할까요?

❀ 국가가 위기에 처했다고 하는데도 병역 거부를 밝힌 한 청년의 마음이 되어 그의 생각을 이야기해 보세요.

4장
더 알고 싶어요, 인권

12화 인권이 걸어온 길

인권은 언제부터 시작된 거예요?

일 년 동안 어진이네 반에서는 인권을 공부했어요. 학급에서 아이들과 부딪치는 일, 선생님과의 갈등, 때로는 가족, 사회 구성원들의 갈등을 소재로 인권을 이야기했는데, 그래도 아이들은 모르는 것투성이예요.

아이들은 그래서 자기들이 더 알고 싶어 하는 것을 질문하기로 했어요. 어진이가 먼저 물었어요.

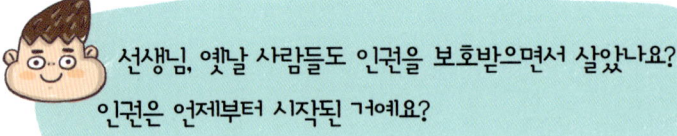

선생님, 옛날 사람들도 인권을 보호받으면서 살았나요?
인권은 언제부터 시작된 거예요?

인권은 인종이나 성별, 그리고 종교, 사회적 신분에 상관없이 모든 사람이 보편적으로 누릴 수 있는 권리를 말해요. 이런 인권을 소재로 우리는 지금까지 여러 가지 이야기를 했지요. 그러나 사실 인권은 간단하게 몇 줄의 글이나 말로 정리될 수 있는 것이 아니랍니다. 어떻게 생각하면 조금 복잡하기도 하고 어렵기도 해요.

옛날 사람들도 인권을 보호받으면서 살았을까요?

동·서양을 막론하고 고대와 중세 사회에는 신분 제도가 있었어요. 태어난 순간부터 사람은 자신이 태어난 집안의 환경에 따라 신분이 높은 사람, 낮은 사람으로 나뉘는 거지요. 자신의 의지와는 상관없이 귀족의 집에서 태어났으면 귀족이 되고, 노비의 집에서 태어났으면 노비가 되는 거예요. 그 당시 노비는 한 사람으로 인정받기보다는 하나의 재산으로 취급되었어요.

노비도 사람이다!

지금 생각해 보면 정말 이해할 수 없는 일이지요. 그 당시 사회에서는 신분제가 너무 당연했기 때문에 누구도 감히 신분 제도에 반대하는 일이 없었어요. 하지만 어떤 시대든 그 시대의 불합리한 제도에 저항하는 사람들이 있었지요. 고려 시대에 노비였던 만적도 그랬습니다. '노비도 사람이다. 그러니 왕후장상이 될 수 있다.'면서 세상을 바꾸고자 천민들을 모아 봉기를 일으켰어요. 다른 생각을 하는 사람들은 때로는 목숨을 내놓으면서까지 그 사회가 지닌 모순을 해결하려고 했지요. 그러한 노력이 쌓여서 오늘날까지 왔다고 해도 과언이 아닙니다.

시대적으로 보면 고대와 중세, 우리나라 역사로 말하자면 삼국 시대를 거쳐 고려 시대까지를 생각하면 됩니다. 그 당시 사람들은 인권을 누릴 수 없었어요.

유럽 중세 사회에는 '농노'라는 신분이 있었어요. 그 당시는 종교가 지배하던 사회였는데, 농노는 종교적 권력을 가진 사람들 혹은 왕이나 귀족을 위해 정신적, 육체적으로 일해야 했어요.

교회와 권력을 쥔 사람들이 농노의 주인이 되어 모든 것을 통제했지요. 자기가 사는 곳에서 이사할 수도 없고, 자기 생각을 말할 수도 없으며, 더 나아가 종교도 강요받았어요. 그러나 시대가 변하면서 기존에 있던 종교에 저항하는 사람들이 나타납니다.

혹시 마르틴 루터, 혹은 존 칼빈이라는 이름을 들어 본 적 있나요? 두 사람의 영향을 받은 유럽 사회는 어려운 과정을 거쳐서 종교 개혁을 해요. 종교 개혁을 통해 사람들은 종교의 자유를 인정받지요.

사람의 존엄성을 인정하고, 사람이 권리를 누리면서 살게 하려는 사람들의 노력은 시대를 막론하고 꾸준히 이어졌어요. 그 과정에서 희생당하는 사람들도 많았지요.

우리나라에서 인권을 연구한 학자 가운데 조효제라는 분이 계세요. 그분은 1차 인권 혁명과 2차 인권 혁명을 이렇게 이야기한답니다.

> **1차 인권 혁명은 18세기 말에 일어난 미국 독립 혁명과 프랑스 대혁명이라고 할 수 있다. 이 혁명을 통해서 정치적 자유가 확대되고, 고문을 폐지하는 등 실질적인 인권의 성장이 있었기 때문이다.**
> **2차 인권 혁명은 1948년에 만들어진 세계 인권 선언을 시작으로 지금까지 진행되고 있는 인권 혁명을 말한다.**

1차 혁명은 이미 끝나서 우리 사회에 인권이 실질적으로 적용될 수 있게 한 것이고, 2차 혁명은 여전히 진행 중이라고 말하고 있어요. 우리 사회가 아직도 인권을 제대로 실현하지 못하고 있다는 거지요.

인권을 알고 제대로 실현하는 것은 무척 어려운 일이에요. 어쩌면 불편한 일인지도 몰라요. 내 인권을 지키고, 다른 사람의 인권을 지켜 주는 일은 지금까지 살아온 생활 방식을 새롭게 바꾸어야 하는 일이니까요.

이야기 톡톡!

소원이 : 나는 초등학교 5학년입니다. 요즘 저는 괴로워서 죽고 싶어요. 우리 엄마는 내가 공부를 잘하길 바라세요. 나도 물론 잘하고 싶어요. 그렇지만 아무리 열심히 해도 성적이 오르질 않아요. 학교 끝나고 학원 가서 공부하고 집에 돌아와 숙제하고 나면 자정이 다 되지요. 그렇게 공부해도 성적이 오르지 않아요. 내가 90점 이상 받아 오는 것이 엄마 소원이래요. 엄마 소원을 들어주고 싶지만 그게 되지 않아요.
나는 어떻게 하면 될까요? 도와주세요.

나인권 선생님 : 모든 어린이가 다 공부를 잘해야 한다고 생각하지 않아요. 한 어린이는 공부를 잘하고, 또 한 어린이는 체육을 잘하고, 또 다른 어린이는 친구들을 잘 도와주고, 이렇게 모든 어린이는 각자 자신이 잘할 수 있는 것을 꼭 가지고 있지요. 그런데 많은 어른이 모든 어린이를 '성적'이라는 잣대 하나로 평가해 버려요. 그래서 소원이 같은 어린이들이 괴로워하는 거지요.
어린이도 어른과 똑같은 인권이 있어요. 특히, 어린이에게는 놀이와 여가를 즐길 수 있는 권리가 있어요. 공부보다 먼저 어린이의 몸과 마음이 건강해질 수 있도록 하는 것이 중요하답니다. 친구들과 어울려 운동

을 하면서 놀 수 있는 권리, 또는 자신만의 휴식 시간을 가질 수 있는 권리가 공부 시간 때문에 빼앗겨서는 안 되는 것이지요.

소원이는 '성장하는 데 도움이 되게 하는 발달의 권리'를 가지고 있어요. 다시 말하면, 소원이가 자기의 능력을 알아갈 수 있도록 하는 데 필요한 도움을 받을 수 있는 권리지요.

부모님들은 어린이들이 공부만 열심히 하면 행복하게 살 수 있다고 굳게 믿는 것 같아요. 그러나 그렇지 않다는 것을 알려 주는 것도 필요하겠지요.

어렵더라도 부모님에게 소원이가 지금 힘들다는 이야기를 해 보는 것은 어떨까요? 처음에는 화를 내실지도 몰라요. 천천히 한 걸음, 한 걸음 용기 내서 소원이가 원하는 것이 무엇인지 이야기해 보세요.

또 다른 방법도 있어요. 학교 선생님에게 도움을 청하는 거지요. 선생님들은 공부를 가르치기도 하지만 어린이 여러분이 힘든 일에 처해 있을 때 여러분을 도와야 하기도 해요. 소원이가 직접 이야기하는 것은 힘들 수 있으니까 선생님의 도움을 받는 것도 좋겠어요.

공부를 잘하지 못하는 것이 '잘못'은 절대로 아니에요. 누구나 다 잘하는 것이 있으니까 소원이도 앞으로 자신이 무엇을 잘하는지 찾아보세요.

우리나라 인권의 역사

우리나라는 1945년 일본에 빼앗긴 나라를 되찾고, 1948년 대한민국의 토대가 되는 헌법을 제정했어요. 대한민국 헌법 제2장 국민의 권리와 의무에는 각종 인권에 대한 항목이 있어요.

제 9조 모든 국민은 신체의 자유를 가진다.
제10조 모든 국민은 법률에 의하지 아니하고는 거주와 이전의 자유를 제한받지 아니한다.
제12조 모든 국민은 신앙과 양심의 자유를 가진다.

이 밖에도 대한민국 헌법에는 인권을 지키기 위한 법 조항이 많이 있어요. 언론 출판의 자유, 초등학교 무상 교육, 근로자의 노동삼권 보장, 나이 든 사람에 대한 보호를 규정하는 것 등 인권을 기반으로 하는 법이 있어요. 그러나 이런 인권에 대한 법 조항이 있음에도 시대적 상황, 정치적 변화에 따른 인권 침해가 여러 차례 일어났고, 지금도 인권 사각지대에서 인권을 빼앗기고 불행하게 사는 사람들이 있다는 사실을 잊어서는 안 됩니다.

1948년 여수 순천 반란 사건에선 반란을 일으킨 군사를 진압하는 과정에서 그 사건과 관계없는 사람들을 포함해 2,500여 명이 목숨을 잃었어요. 또한, 박정희 정권에서는 반공법을 만들어서 정부에 도움이 안 된다고 판단한 사람들을 잡아들여 고문하기도 하고, 사형시킨 일도 있었어요.

헌법에 인권을 지키기 위한 법이 있음에도 인권이 침해당하는 사례가 빈번하게 발생한 거지요.

그런 고난의 역사가 있기에 지금은 더욱더 인권에 관심을 두고, 평화로운 사회로 만들어 가는 노력을 해야 해요.

국제 인권법상 인정하는 인권의 목록

1. 차별 금지
2. 생명권
3. 자유와 인신의 보호
4. 노예와 예속의 금지
5. 고문 금지
6. 법적 인격 인정
7. 법의 평등한 보호
8. 법적 구제
9. 자의적 체포, 구금, 추방 금지
10. 독립적이고 불편부당한 재판
11. 유죄로 판결 날 때까지 무죄 추정
12. 소급 입법 금지
13. 사생활, 가정 통신의 자유
14. 거주 이전의 자유
15. 국적 보유권
16. 결혼과 가족 구성
17. 가족의 보호와 지원
18. 자유로운 동의에 의한 결혼
19. 결혼 생활 내의 남녀평등

20. 사상, 양심, 종교의 자유
21. 견해와 의사 표현의 자유
22. 언론의 자유
23. 집회의 자유
24. 결사의 자유
25. 통치에 참여할 자유
26. 사회보장권
27. 노동할 권리
28. 강제 노동 금지
29. 공정하고 양호한 노동 조건
30. 노동조합
31. 휴식, 여가, 유급 휴가
32. 적절한 생활 수준
33. 교육
34. 문화생활에 참여할 권리
35. 자기 결정권
36. 어린이 청소년의 보호와 지원
37. 굶주림으로부터의 자유
38. 보건 의료 권리
39. 피난처를 구할 권리
40. 소유권
41. 의무 교육
42. 자유를 박탈당했을 경우 인도적 처우
43. 채무를 근거로 한 구금 금지
44. 법에 규정된 경우에만 외국인 추방
45. 전쟁 책동 및 차별 선동 금지
46. 소수 문화 보호
47. 사적 의무 위배를 근거로 한 구금 금지
48. 공공 서비스 접근권
49. 민주주의

50. 문화 학습 활동에 참여할 권리
51. 지적 재산권 보호
52. 권리를 보장할 국제적·사회적 질서
53. 정치적 자기 결정권
54. 경제적 자기 결정권
55. 여성의 권리
56. 사형 제도 금지
57. 인종차별 정책 금지
58. 성적 지향 자유
59. 양심적 병역 거부
60. 장애인 권리

-조효제 『인권의 문법』 중에서

생각이 깊어지는 자리

❋ 다음은 대한민국 헌법, 프랑스 인권 선언, 일본 메이지 헌법의 한 조항을 나열해 놓은 거예요. 인권이 지켜지기 위해서는 어떻게 고치는 것이 좋을까요?

대한민국 헌법 제2장 제9조
모든 국민은 신체의 자유를 가진다.

프랑스 인권 선언
누구든 법률이 정하고 법률이 정하는 형식에 의하지 아니하면 체포되지 아니한다.

일본 메이지 헌법
일본 신민은 법률이 정한 범위 내에서 거주 이전의 자유를 갖는다.

❋ 세계화가 진행되면서 각국 사람들이 일자리를 찾아 다른 나라에서 생활하는 경우가 많아지고 있어요. 누가 어디에 살든, 사람이라면 인권이 지켜져야 하는 것은 당연해요. 이러한 생각을 바탕으로 위 문장의 '모든 국민은' '누구든' '일본 신민'은 이라는 주어를 여러분은 어떻게 생각하는지 이야기해 보세요.

13화 인권을 위해 노력한 사람들

인권을 위해 노력한 사람들

　오늘은 여러분에게 인권을 위해 노력한 사람들의 이야기를 하려고 해요.
　지난 시간에는 조금 어려웠지요? 혁명이 먼 옛날이야기처럼 들렸을지도 모르겠어요. 그러나 여러분이 지금 누리고 있는 모든 것은 사실 지나간 시대에 살았던 사람들이 소중한 목숨과 바꿔서 얻은 거랍니다.
　요즘은 누구나 다 버스를 타고 다닐 수 있지만, 피부 색깔이 다르다는 이유만으로 같은 버스를 타더라도 앉는 자리가 달랐던 시절이 있었지요.
　그런 차별은 시간이 흐르면서 저절로 없어진 것이 아니에요. 그

것이 불평등하고 잘못된 것이라는 것을 알고 있는 사람들이 불평등과 차별을 없애기 위해 싸워서 얻어 낸 거랍니다.

미국에서 노예제가 사라진 것은 1865년이었어요. 그러나 노예제가 폐지되었다고 바로 흑백 차별이 없어진 것은 아니었지요. 사실 사람들은 자신들이 가지고 있는 생활 관습을 쉽게 바꾸지 않아요. 누군가를 부리면 당장 자기 생활이 편한데, 쉽게 그 편안함을 버리려고 하지 않지요. 누군가는 인권을 지키는 일은 불편해도 참아야 가능하다고 말했어요.

미국에서도 흑인에 대한 차별은 계속되었지요. 흑인들은 차별을 없애기 위해 노력했지만, 미국 남부 출신 사람들은 이러한 노력을 막았어요. 이런 사회적인 분위기 속에서 흑인 차별 정책에 대해 본격적인 저항을 하게 된답니다.

1955년경 미국 남부 앨라배마 주에서 있었던 일이에요.

흑인인 로자 파크스는 버스를 탔어요. 평소대로 로자는 흑인이 앉는 자리에 앉았어요. 그날따라 승객이 많아서 운전기사는 그녀가 앉은 자리를 백인 자리로 바꾸고 그녀에게 양보하라고 했어요. 그녀는 거절했어요. 경찰은 로자 파크스를 체포했어요. 자리를 양보하지 않았다는 이유로 말이에요.

이 사건은 미국 전역에 알려졌어요. 그녀의 용감한 행동에 용기

를 얻은 몽고메리 시의 흑인들은 일 년이 넘도록 흑인과 백인이 따로 앉아야 하는 버스를 대상으로 승차 거부 운동을 벌였어요. 사실 로자는 그 사건 이후 여러 가지 어려운 상황을 겪어요. 일자리도 빼앗기고 또 남편마저 일을 그만두지요. 이런 불편함을 감수하면서도 자신의 권리를 지키려 한 그녀의 행동은 용기 있는 행동이라고 할 수 있어요.

독립전쟁 이후 노예제는 폐지되었지만, 실제로 흑인들은 생활 속에서 계속 차별을 받았던 거예요. 그러다 한 여성이 용기 있게 차별을 거부했고, 힘을 얻은 사람들이 흑백 분리 정책에 저항하는 운동을 함으로써 차별을 없애게 된 거예요.

영화 〈맨 인 블랙〉을 보면 흑인인 주인공이 타임머신을 타고 1960년대로 갑니다. 그곳에서 그는 좋은 자동차에 멋진 검정 양복을 입었다는 이유로 경찰의 추격을 당하지요.

1960년대 내내 흑인은 자신의 인권을 찾기 위한 운동을 했어요. 요즘은 누구나 일정 나이가 되면 선거를 할 수 있는 투표권을 가지는데, 흑인 투표권이 인정된 것은 1965년의 일이랍니다. 그것도 투표권을 얻기 위해 부단히 노력한 결과로 이뤄낸 거예요.

그러면 우리나라에는 억울하게 인권을 빼앗긴 사람들을 위해 노력했던 사람이 누가 있을까요?

앞에서 말했듯이 전태일도 노동 현장에서 억울하게 당하는 어린 노동자들을 위해 자신의 몸을 불살라 가며 노동권을 주장했고, 힘없는 사람들을 위해 평생 노력하며 살아간 조영래 변호사도 있어요.

조영래 변호사는 1947년 대구에서 태어났어요. 그가 살아온 시대는 정말 살기 어려웠어요. 1950년에 한국 전쟁이 일어나고, 이승만 정부의 독재 정권이 이어졌지요. 4·19 혁명 시기를 지나 다시 어두운 독재 정권 시대를 살아오면서 힘한 일을 많이 겪었어요. 하지만 그는 세상에 대한 희망을 버리지 않았어요.

사람들은 흔히 법대에 가서 공부를 잘하면 판·검사가 되어 권력을 쥘 수 있다고 생각하는데, 조영래 변호사는 세상 사람들의 생각과는 반대로 세상을 살아갔지요.

그가 처음부터 그런 사명감으로 살았던 것은 아니에요. 전태일의 죽음이 그의 삶을 바꾸었어요. 전태일의 죽음 앞에서 그는 세상의 그늘에서 누구보다 성실하게 일하면서 살아가는 많은 사람을 돕는 변호사가 되기로 한 거예요. 소비자 문제, 공해 문제, 여성 문제, 장애인 문제, 빈민 문제 등 그 당시 사람들이 별로 관심을 두지 않던 사회적 약자나 소수자의 편에 서서 그들의 인권을 지켜 주기 위해 노력했어요.

사실 누군가를 돕겠다고 마음먹기는 쉽지만 실제로 행하기는 쉽지 않아요. 다양한 문제를 해결하기 위해서는 전문적인 지식도 필요하지요. 조영래 변호사는 먼저 나서서 사건을 맡고, 그것을 해결

하기 위해 시민들과 협력하면서 정부와 싸우는 일도 마다치 않았어요. 그 때문에 감옥 생활을 하기도 하고, 또 경찰의 눈을 피해 도망 다니기도 했어요.

그는 환경 문제가 곧 인권 문제라는 생각에 환경과 관련한 노동자의 재판에 적극적으로 나서서 싸웠어요. 지금 서울 동쪽에 있는 상봉이라는 지역에 예전에는 연탄 공장이 있었어요. 이곳에서 일하다 병들어 죽어 가는 노동자들이 있었지요. 연탄 가루가 몸 안에 들어가서 진폐증이 생긴 거예요. 이 병은 일로 인해 생긴 환경병이자 직업병이었어요. 그러나 공장 책임자는 인정하지 않았지요. 조영래 변호사의 논리적인 변호로 진폐증이 직업병임을 인정받았고, 그 재판을 한 노동자는 이기게 되었어요. 재판에서 이기는 것이 중요한 것이 아니라 공장 환경으로 어떤 병이 생기기 전에 그것을 미리 막는 것이 중요하다는 것을 모든 사람에게 알게 한 거예요.

조영래 변호사처럼 우리 사회의 어두운 곳에서 사는 어려운 사람의 인권을 지켜 주는 일을 하는 사람들은 많아요. 한 개인이 아니라 단체를 만들어 인권에 관한 인식을 넓혀 줍니다. 그 단체들은 인권을 침해당했는지 아닌지를 알려 주기도 하며, 인권을 침해당했을 때 그것을 해결하는 방법도 조언해 줍니다. 사회를 구성하고 있는 모든 사람에게 인권의 중요성을 알리는 일도 하지요.

인터넷에서 '인권'이라는 말을 검색해 보세요. 그러면 여러 단체가 나올 겁니다. 그런 단체의 홈페이지에 들어가 그곳에서 하는 일을 확인하고, 여러분이 도울 수 있는 활동이 있다면 참여해 보는 것도 좋겠어요.

'사회적 약자'란 누구를 말하는 것일까요?

성별, 종교, 인종, 민족, 계층, 지역, 나이, 성적 지향, 건강, 직업 등 다양한 조건에 따라 나타날 수 있어요. 예를 들어, 내 친구는 태어날 때 뇌에 문제가 생겨서 몸을 자기 마음대로 쉽게 움직일 수 없어요. 말을 하려고 할 때도 보통 사람들과는 달리 천천히 말하고, 연필을 손에 잡으려고 해도 쉽게 잡지 못해서 시간이 조금 걸립니다. 신체에 아무런 이상이 없는 사람과 다르지요. 이럴 때 일반적인 사람들에 비해 그들을 '사회적 약자'라고 부릅니다.

일본에 사는 한국인을 재일 조선인, 재일 한국인이라고 하지요. 그들도 일본 사회 속에서 사회적 약자로 불립니다. 어른들과 비교하면 어린이도 사회적 약자일 수 있지요. 이처럼 한 개인이 가지고 있는 신체적인 조건을 비롯한 사회, 문화, 민족, 인종의 조건이 다를 때 소수의 자리에 서는 사람들을 사회적 약자라고 하지요.

우리는 인권에 관해 이야기할 때 이렇게 사회적 약자의 자리에 선 사람을 빼놓고 생각할 수 없어요. 그들이 가진 조건이 열악하더라도 그들도 사람답게 살 수 있는 권리가 있기 때문이지요.

지금까지는 일반적으로 사회적 약자에 놓인 사람들의 생활이 여러 가지로 불편했던 것이 사실이에요.

어릴 때 소아마비에 걸려서 다리를 저는 미영이는 체육 시간만 되면 마음이 불편해집니다. 다리를 저니까 친구들이랑 같이 어울려서 뛰지도 못하고 공놀이도 하지 못해요. 우리는 '다리를 저니까 그건 어쩔 수 없잖아.' 하면서 우리가 활동하는 시간에 운동장 한편에 앉아 우리를 바라보는 미영이를 당연하다고 생각해요. 그렇지만 미영이의 처지에서 생각해 보면 어떨까요?

매번 미영이와 체육을 같이 하지는 못한다 하더라도 같이 활동할 수 있는 방법을 생각해 볼 수는 있을 거예요.

다른 예를 들어 볼까요? 은정이는 어머니가 일본인이고, 아버지

는 한국인이에요. 지금 서울에서 초등학교에 다니고 있어요. 역사 시간이면 은정이는 움츠러듭니다. 왜냐고요? 임진왜란 당시 도요토미 히데요시가 조선을 침략해 많은 사람을 죽이고 도자기 만드는 도공을 일본으로 끌고 갔다는 내용을 배울 때면 은정이는 자기가 한 것도 아닌데, 친구들이 자기를 손가락질하고 비웃을까 봐 가슴이 조마조마해요. 게다가 근대에 들어 일본이 조선을 식민지로 지배하면서 저지른 만행을 배우고 나서는 학교에 가는 게 두려웠어요. 단지 어머니가 일본인이기 때문에 그런 생각이 드는 거지요. 짓궂은 남자아이들이 '일본'에 대해 나쁜 말을 하면 자신이 죄를 지은 것 같아서 또 얼굴을 못 들지요. 한국 사회에서 어머니가 일본인인 은정이는 사회적 소수자예요.

학교에서 여러분을 위해 일하시는 분 가운데도 사회적 소수자가 있지요. '비정규직 노동자'로 일하시는 분들입니다. 그분들은 일 년 단위로 계약하고 일해요. 다음 해, 다시 계약할 수 있을지 확신할 수 없어요. 급여도 정규직 노동자들보다 상대적으로 적어요. 돈을 조금 받는다고 일을 조금 하는 것일까요? 그렇지 않아요. 비정규직 노동자도 여러분의 어머니, 아버지처럼 가정을 꾸리고, 아이들을 키우고 있어요. 그들도 정규직 노동자와 같은 처우를 받으며 일할 권리가 있어요.

외국에서 한국으로 돈을 벌기 위해 온 이주 노동자는 어떤가요? 그들도 역시 노동자의 권리를 제대로 인정받지 못하면서 적은 임금으로 일하고 있어요.

　대체로 아시아권에서 온 사람들은 우리와 얼굴색이 같아서 한국인으로 오해받기 쉬워요. 네팔에서 온 노동자 찬드라도 마찬가지였어요. 1999년, 찬드라는 식당에서 일하다가 손님과 계산 문제로 시비가 생깁니다. 경찰은 이를 조사하는 과정에서 찬드라가 한국말을 잘 못한다고 정신 병원에 입원시켰어요. 물론 나중에 네팔로 돌아갈 수 있게 되었지만, 찬드라가 억울하게 정신 병원에 갇혀 지낸 시간을 어떻게 보상해야 할까요?

　생각해 보세요. 여러분의 가족이 돈을 벌기 위해 외국에 갔어요. 그런데 그 나라 말이 서툴다고 여러분의 가족을 정신 병원에 넣는다면 얼마나 기가 막힐까요?

　사회적 소수자가 겪는 일을 나열하면 끝이 없어요.

　연예인 중의 아무개 씨는 자신의 성적 정체성을 사회에 밝히고 나서 자신의 일자리를 잃어버리게 되었답니다. 그의 성적 정체성이 다른 사람과 다르다고 해서 지금까지 해 왔던 일을 못 할 이유가 없는데도 우리 사회는 그런 사람들을 차별의 눈으로 보고 소외시켜 왔어요.

　인권에 대한 인식이 점점 깊어지면서 사회적 약자를 보는 시선도 점차 달라지고 있어요. 동정의 눈으로 보고 돕는 것이 아니라, 그들의 정체성을 인정하고 우리 사회 안에서 정상적으로 생활할 수 있게 하는 것이 그들의 인권을 지켜 주는 일입니다.

다른 사람의 인권을 지켜 준다는 것은 자신의 인권을 지키는 지름길이지요. 우리가 인권을 소중하게 생각하고 지켜야 하는 이유는 자신이 사람답게 살 수 있는 사회를 만드는 첫걸음이기 때문입니다.

재민이 : 우리 엄마 아빠는 돈을 버는 일이 제일 중요하다고 하세요. 경쟁에서 이겨야만 살아갈 수 있다고 언제나 말씀하시지요. 그런데 인권을 공부하다 보면 그렇게 살면 안 될 것 같아요. 그래서 머리가 아파요. 어떻게 해야 하나요?

나인권 선생님 : 우리가 사는 사회를 흔히 자본주의 사회라고 하지요. 자본주의 사회에 사는 사람들에게 '돈'은 매우 중요해요. 돈이 있으면 살아가는 데 무엇보다 편리하답니다. 그래서 사람들은 편한 생활을 위해 돈을 많이 버는 것이 더 중요하다고 생각하지요. 문제는 돈을 좇으면서 살다 보면 사람답게 살 권리, 즉 '인권'이 들어설 자리가 없어진다는 거예요. 모든 일을 돈으로 따지기 때문이지요. '돈이 되지 않는 일'이라고 해서 가치 없는 일이라고 생각해서는 안 되어요. 나와 이웃이 더불어 행복해질 수 있는 일인지 생각해 봐야 합니다. 누군가 나를 배려해 주어서, 또 내가 누군가를 배려해서 얻어지는 기쁨을 돈으로 따질 수는 없으니까요.

불평등이 생기는 이유

지구 상에 살고 있는 인류는 69억 명 정도 된다고 해요. 그 가운데 10억이나 되는 사람들이 빈민촌에서 불행하게 살아가고 있어요. 왜 10억 명이나 되는 사람들이 빈민가에서 먹을 것도 제대로 먹지 못하고 생활할까요?

69억 명이 전부 가질 수 있는 '돈'은 정해져 있지요. 그 정해진 돈을 69억 명의 사람들이 똑같이 나누어 가진다면 이런 불평등은 생기지 않을 거예요. 하지만 모든 사람은 남보다 더 많은 것을 가지고 싶어 해요. 그래서 경쟁에서 이기려고 하지요. 그럼, 경쟁에서 진 사람은 어떻게 될까요? 패배자니까 그냥 그렇게 살아도 될까요?

이긴 사람이든 진 사람이든 모두 인간답게 살아가야 할 권리가 있어요. 특히, 생존권과 관련해서는 더욱 그렇답니다.

불평등은 혼자의 힘으로는 해결할 수 없습니다. 이때 '나누는 마음'이 필요하지요. 누군가는 기회가 좋아서 돈을 많이 벌 수 있을 거예요. 또, 누군가는 운이 나빠서 돈을 벌 기회가 없을 수도 있겠지요. 그럴 때 국가나 사회단체는 그런 불평등을 줄이기 위해서 모든 사람의 생존권을 지켜 줄 수 있도록 사회 시스템을 만들어 놓아야 합니다. 우리는 그것을 '사회 복지'라는 말로 설명하고 있어요.

생각이 깊어지는 자리

🌸 다음 이야기를 읽고 함께 생각해 보아요.

　오랜만에 가족과 시내 나들이를 갔어요. 책도 볼 겸 우리 가족은 광화문역에서 내렸어요. 그런데 그곳에 '무기한 농성'이라는 글자가 붙은 텐트가 있었고, 그 안에는 사람들이 앉아 있었어요.

　나는 엄마에게 물었어요.

　"엄마, 저 사람들 뭐 하는 거예요?"

　"장애인의 권리를 위해 장애 등급제를 만들자고 주장하고 있단다."

　"장애인은 부모님이 없나요?"

　"부모님들이 계시지. 그렇지만 장애인은 한 가족이 책임져야 하는 것이 아니라 사회 복지 차원에서 국가가 책임져야 해. 지금까지는 집안에 장애가 있는 식구가 한 명이라도 있으면 가족이 모두 다 책임을 졌는데, 지금부터는 그래서는 안 된다는 거야."

　김주영이라는 분은 몸을 잘 움직이지 못하는데, 집에 불이나 피하지 못해서 돌아가셨고, 파주의 두 남매 박지우와 박지훈은 부모님이 안 계신 사이 집에 불이 나서 숨을 거두었다고 해요.

　우리 가족은 사고로 세상을 떠난 분들을 위해 기도했어요.

　엄마는 내게 이런 말씀을 하셨어요.

> "살기 좋은 사회란 장애가 있는 사람이든 아니든 상관없이 생존권을 보장해 주는 사회라야 한단다."
> 엄마의 말이 어렵기는 했지만 조금은 이해할 수 있을 것 같았어요.
> －승미의 일기 중에서－

🌸 뉴스에서 장애가 있는 사람 집에 불이 났는데, 피하지 못해서 목숨을 잃었다는 소식을 전해요. 이런 일이 반복해서 일어나지 않으려면 국가가 어떤 일을 해야 할까요?

14화 정보화 시대의 인권

인터넷상에서도 인권은 지켜져야 해!

어진이의 일기

오늘 우리 선생님은 종일 웃지 않으셨다. 항상 웃는 얼굴이었는데.

이유는 학급 카페 때문이다. 몇몇 아이들이 한 아이를 나쁜 말을 써서 공격했고,

그 공격을 받은 친구는 너무 상처를 받아서 오늘 학교에 오지 못했다.

그 아이 어머니는 학교에 오셔서 교장 선생님과 상담하셨다고 한다.

당연히 우리 선생님도 같이 계셨겠지.

선생님께서는 인터넷상에서도 꼭 인권을 지켜야 한다는 말씀만 하셨다.

자기가 쓴 글을 읽고 다른 사람이 상처를 입든 말든

마구 적는 것은 옳지 못하다.

그러나 나도 가끔 화가 나면 그럴 때가 있다.

누군가 화가 나서 그랬을지도 모른다.

이 일을 어디서부터 풀어 가면 좋을까?

며칠 후 선생님은 조용히 말씀하셨다.

세상은 바뀌었어요. 자꾸 바뀌어 갑니다. 앞으로 어떻게 바뀔지 모릅니다. 그렇지만 한 가지 중요한 사실이 있어요. 사람은 세상이 바뀌는 것처럼 쉽게 바뀌지 않는다는 사실이에요. 그 바뀌지 않는 것이 무엇일까요? 그것은 '사람으로서 존엄을 지키고자 하는 것' 이지요. 세상이 아무리 바뀌어도 사람이 사람답게 살아야 한다는 명제는 바뀔 수 없어요. 그런데 단지 상대방 얼굴이 보이지 않는다고 인터넷 카페 혹은 여러 사이트에서 거친 글을 마구 씁니다. 자기가 쓴 글로 인해 상대방이 얼마나 상처받고, 그 상처로 인해 죽을 수 있다는 사실도 모른 채 말입니다.

우리 반에서 생긴 일도 그런 일 중의 하나예요. 물론 나쁜 글을 올린 친구들이 처음부터 나쁜 마음으로 한 것은 아닐 거라고 생각해요. 그저 장난이었을 뿐이라고 말할지도 몰라요. 장난스러운 마음, 이해할 수 있어요. 그러나 그 글을 읽은 아이가 그 장난스러운 마음을 이해할 만큼의 여유가 없다면 별일 아닌 장난도 다른 친구에게 상처가 되지요. 지금 그 글을 쓴 친구는 마음이 너무 아플 거예요. 다른 누군가를 상처 입히고 모욕을 주는 글까지 '표현의 자유'의 범주에 넣을 수는 없어요. 표현의 자유를 마음껏 누리기 위해서는 나의 표현이 누군가를 차별하거나 괴롭히지는 않는지, 다른 사람을 존중하는 마음으로 쓴 글인지 다시 한 번 신중하게 살펴볼 필요가 있어요.

우리 생활 속에서 인터넷이 차지하는 부분이 커졌는데, 여러분에게 인터넷상에서 인권 보호는 어떻게 하면 되는지를 먼저 이야기해 주었으면 좋았을걸 그랬어요. 이 일을 계기로 인터넷에서 인권을 지킨다는 것은 무엇을 의미하는 것일까? 혹은 인터넷의 기사나 사이트에 실린 댓글로 인해 상처 입고 힘들게 살아가고 있는 사람들의 사례를 찾아서 다음 시간에 이야기해 보도록 해요.

인권은 사람이 사는 모든 영역에 해당되어요. 인터넷을 대신하는 다른 시스템이 나온다고 해도 마찬가지예요. 내가 소중하고 그래서 다른 사람도 소중하다는 것을 안다면 세상을 살아가는 방식이 어떻게 바뀌든 인권을 지키는 일이 가장 우선되어야 해요.

이 일이 계기가 되어 우리 반 아이들은 인터넷상이나 혹은 휴대 전화로 피해 본 아이들이 있는지 조사하게 되었어요. 조사 결과, 아이들의 몇 가지 사례를 찾게 되었어요.

내가 OO를 좋아한다는 헛소문을 휴대 전화 문자로 여러 친구에게 보냈습니다. OO의 여자 친구가 화가 나서 나에게 좋지 않은 문자를 보냈어요. 억울해요. 그리고 무서워요.

"난 잘난 척을 한 적이 없는데, 학급 카페에 누군가 내가 반에서 잘난 척을 많이 한다고 재수 없다고 했어요. 수업 시간에 내가 알고 있는 것을 발표한 것밖에 없거든요. 이제는 수업 시간에 발표하기가 겁나요."

"우리 집은 가족이 많아서 부모님이 번 돈을 아껴서 살아야 해요. 내가 시장에서 산 옷을 입고 다닌다고 친구들이 비웃었어요. '너 제발 옷 좀 사 입을래? 그게 뭐냐, 창피하게.' 누가 보냈는지 알 수 없어요. 수신자 전화번호로 전화를 걸었더니 없는 전화번호라고 해요. 어깨를 활짝 펴는 것이 힘듭니다. 검소하게 옷을 입는 것이 왜 나쁠까요? 친구들은 나에게 왜 그런 말을 했을까요? 도와주세요."

휴대 전화 문자, 혹은 인터넷 카페 등을 통해서 친구의 험담을 하거나 친구의 사생활을 비웃는 내용이었어요.

그런 안 좋은 내용을 쓴 친구들의 마음은 어떤 것일까요?

학급 회의를 하면서 아이들은 여러 가지 의견을 내놓았어요. 그중에서 어진이의 의견에 아이들이 박수를 보냈어요.

"일단 무슨 문제가 생기면 원인을 제공한 사람과 그 문제로 인해 피해 본 사람이 있어요. 당연히 피해 본 사람의 마음을 달래 주어야 한다고 생각해요. 그렇지만 원인을 제공한 사람의 마음도 어딘가

아프지 않을까요? 자기 생각을 겉으로 드러내지 못한 사람의 마음도 달래 주어야 한다고 생각해요. 그리고 우리가 조금만 더 용기를 내서 그렇게 피해자가 되었을 때, 피해 사실을 말하는 것이 필요합니다. 감추면 감출수록 원인을 제공하는 사람은 자꾸만 그런 짓을 할 테니까요. 우리 스스로 이 문제를 해결해 나갔으면 좋겠어요."

이야기 톡톡!

영민이 : 저는 행동이 무척 느려요. 그래서 별명이 거북이에요. 제 별명이 거북이라는 것까지는 이해하고 있어요. 그런데 요즘 카톡으로 친구들이 단체로 저를 놀려요. 그래서 저는 휴대 전화를 꺼 놓고 지내요. 엄마랑 아빠는 왜 자꾸 휴대 전화 전원을 꺼 놓느냐고 야단이세요. 어떻게 해야 할까요?

나인권 선생님 : 휴대 전화 속 네트워크가 활발해지면서 수많은 지식과 정보가 교환되고 재생되고 있어요. 여러 사람이 동시에 접속하여 보고 의견을 남기고 또 다른 곳으로 퍼 나르기도 합니다. 하지만 이에 따라 한 사람을 공격하여 모욕을 주는 발언도 급격히 퍼져 나갈 수 있어요. 법조 관계자들은 카톡 대화방에서 나눈 대화가 기록으로 남을 수 있고, 쉽게 다른 곳으로 전달할 수 있는 만큼 법적으로 명예훼손이나 모욕죄가 성립된다고 보았어요. 실제 이런 일로 벌금형을 선고받은 사례도 있고요. 친구들이 남긴 글을 보관해 두고, 이런 일이 죄가 될 수 있음을 알려 주세요. 그보다 먼저 우리 모두 휴대 전화나 인터넷상에서도 상대방의 마음을 배려할 수 있는 감수성을 키워 나가야겠지요.

정보화 시대의 인권

요즘 우리는 정보화 시대에 살고 있어요. 인터넷의 발달과 전화, 컴퓨터, 스마트폰과 같은 기기가 계속 등장하면서 우리가 정보를 얻을 기회가 더 많아지고 있어요. 몇십 년 전의 생활과 비교해 보면 거의 '혁명'이라고 불릴 만큼 사람들의 생활에 큰 변화가 온 거예요. 손쉽게 정보를 얻을 수 있다는 편리함 때문에 새로운 기능을 가진 기기가 나올 때마다 사람들은 쉽게 기기를 바꿉니다. 그러나 새로운 기기가 우리에게 편리함만을 가져다주지는 않아요. 더러 우리의 인권을 침해하는 경우도 있지요.

예전에는 누군가와 이야기를 나눌 때는 서로 얼굴을 맞대고 했어요. 그것은 상대방의 얼굴이 보인다는 것을 의미해요. 더 나아가 상대방이 나와 이야기를 하면서 느끼는 감정이 얼굴이나 몸을 통해 느껴지기 때문에 상대방을 배려하면서 상처 주지 않도록 최소한의 예의를 지키게 됩니다.

그러나 언제, 어디서든 상대방과 소통할 수 있게 하는 컴퓨터, 인터넷, 스마트폰 같은 기기는 그런 배려를 쉽게 잊게 해요. 상대방의 모습을 볼 수 없으니까 마음속의 하고 싶은 이야기를 쉽게 할 수 있어요. 마음을 솔직하게 털어놓고 소통하는 것이 왜 나쁜지 질문할 수도 있어요. 상대방에게 자신의 마음을 쉽게 이야기할 수 있다는 것 자체가 나쁜 것은 아닙니다. 실제로 최첨단 기기를 이용하면서 상대방의 인권을 침해하거나, 폭력적인 언어를 내뱉는 경우를 자주 볼 수 있어요. 때로는 그것이 한 사람을 죽음으로 몰고 가기도 하지요.

그럼, 어떻게 하면 이런 일을 막을 수 있을까요? 인터넷을 이용할 때 예의를 지키면 되겠지요. 그런데 기계적으로 그 규칙을 지키는 것만으로는 서로의 인권을 지켜 줄 수 없어요. 규칙도 중요하지만, 그것을 사용하는 사람들의 감성을 키우는 것도 중요해요.

눈으로 보고 있지는 않지만, 상대방과 대화를 하면서 상대방의 표정을 느낄 수 있는 것, 타인에 대한 공감 능력을 키우는 거지요. 상대방에 대한 공감 능력을 키우는 일은 학교에서 수학, 영어 공부하듯이 익히는 것이 아닙니다.

자신의 감성을 키워 가는 일은 어려서부터 자신이 느끼는 감정에 의문을 품고, '이것은 무슨 느낌일까, 왜 이런 느낌이 드는 것일까, 이런 느낌이 들 때는 어떻게 해야 할까?' 꾸준히 생각하면서 키워 가야 하는 거지요.

생각이 깊어지는 자리

🌸 다음 글을 읽고 선생님, 승찬, 효승이의 처지가 되어 자기 생각을 이야기해 보세요.

> 승찬이는 선생님이 미웠어요.
> 자기만 미워하는 것 같고, 체육 수업도 잘 안 해요. 다른 아이들도 선생님에 대해 불만이에요. 수업을 마치고 집에 가는 길에 승찬이가 선생님 흉을 보았어요.
> "우리 선생님, 재수 없어. 체육도 안 하고."
> 그러자 옆에 있던 효승이도 한마디 거들었어요.
> "맞아, 맞아. 2반은 체육을 매일 하는데, 우리 반은 겨우 세 번!"
> 이 말에 힘을 입은 승찬이가 제안했어요.
> "우리 선생님 안티 카페 만들자!"
> "그래, 좋아. 네가 만들 거지? 그러면 내가 아이들한테 그 카페에 가입하라고 할게!"
> 체육을 잘 안 한다는 이유로 승찬이네 반 아이들은 선생님 안티 카페를 만들었어요.
> 그다음 무슨 일이 벌어졌을까요?

❀ 인터넷 카페 등을 통해서 친구를 괴롭히는 일들이 많아요. 혹시 그런 경험이 있었다면 그 일에 대한 여러분의 느낌을 이야기해 보세요.

❀ 나쁜 댓글로 인해 피해 본 적이 있나요? 인터넷상에서 지켜야 할 예의에 관해서 이야기해 보세요.

15화 우리에게 남은 나머지 숙제

우리의 인권은 우리가 지킨다

　아이들은 선생님에게 제안했어요. 우리의 인권은 우리가 지키기 위해서 '학급 인권 선언'을 만들겠다고 한 거지요.

　선생님은 우리가 학급 인권 선언을 어떻게 만들지 무척 궁금해 했어요. 우리는 먼저 우리가 보호받아야 할 권리에는 무엇이 있는지 조사해 보았어요.

　별별 의견이 다 나와 칠판에 모두 적을 수 없을 정도였지요. 너무 사소한 것까지 다 인권이라고 주장하는 바람에 조사하는 시간도 오래 걸렸어요. 그 가운데 반 아이들이 대부분 공감하는 내용만 뽑았어요.

놀 수 있는 권리

교육받을 권리

의견을 자유롭게 말할 권리

보살핌을 받으면서 건강하게 자랄 수 있는 권리

유괴나 성폭행을 당하지 않게 보호받을 권리

차별하지 않고 차별받지 않을 권리

벌 받지 않을 권리

내가 하고 싶은 예술 활동을 할 권리

학교 안에서 안전하게 보호받을 권리

머리나 복장 등에 대해 사적인 자율을 보장받을 권리

성적이나 개인적인 비밀을 보장받을 권리

소지품을 검사받지 않을 권리

폭력을 당하지 않을 권리

소수의 의견이라고 해서 무시당하지 않을 권리

개인의 취향을 인정받을 권리

위의 조사를 바탕으로 우리는 학급 인권 선언문을 만들었어요.

우리는 대한민국의 어린이로서 다음과 같은 내용을 선언하고 이것이 지켜질 것을 엄숙한 마음으로 바란다.

- 우리는 한 사람으로서 최대한 존중받기를 원한다.
- 우리는 아직 성장기에 있으므로 좋은 환경에서 좋은 교육을 받고 자신을 발전시켜 나갈 수 있기를 원한다.
- 우리는 학교 공부 이외에 하루 2시간 이상의 학습을 강요받는 것을 원하지 않는다.
- 우리는 친구들과 어울려 학교 운동장이나 마을 공터에서 안전하게 놀 수 있는 환경을 원한다.
- 우리는 어리다는 이유만으로 함부로 우리의 물건을 뒤지는 것을 원하지 않는다.
- 우리는 너무 많은 학습량을 거부할 권리가 있다.
- 우리는 우리의 의견을 무시당하지 않을 권리가 있다.
- 우리는 미래의 생활을 준비하는 데 필요한 여러 가지 교육을 받을 권리가 있다.
- 우리는 다르다는 이유로 차별받지 않을 권리가 있다.
- 우리는 신체의 자유를 누릴 권리가 있다.
- 우리는 다른 사람들에게 방해를 주지 않는 범위 안에서 자유롭게 놀 수 있는 권리가 있다.

2016년 9월 누원초등학교
나인권 선생님반 어린이 모두

우리가 만든 학급 인권 선언문을 보신 선생님은 우리를 칭찬하셨어요. 그리고 이 선언문의 내용은 지켜지는 상황을 보고, 다시 수정할 수도 있다고 하셨어요. 우리도 선생님 생각과 같았어요. 우리의 의견을 모아서 인권 선언문을 만들기는 했지만 실행하는 과정에서 문제가 발생할 수도 있고, 또 예외적인 일도 있을 수 있기 때문이에요.

앞으로 인권에 대해 더욱 관심을 기울이고, 또 우리 반에서 인권이 제대로 지켜지고 있는지를 확인하면서 생활해 나갈 거예요.

# 이야기 톡톡!

선정이 : 우리 반은 아직도 일기장 검사를 해요. 6학년이나 되었는데 일기장 검사를 받아야 하는 게 너무 싫어요. 몇몇 여자아이들은 일기장을 두 권 만들기도 해요. 하나는 선생님에게 검사받는 것이고, 하나는 정말 자기가 쓰고 싶은 것을 쓰는 거래요. 나도 그러고 싶어요. 그런데 왜 일기장을 검사받아야 하나요? 난 내 일기장에 자유롭게 모든 생각을 다 쓰고 싶어요. 선생님 눈치를 보지 않으면서 말이에요.

나인권 선생님 : 아직도 일기 검사를 하는 선생님이 있군요. 우리나라에서 일기 검사가 시작된 것은 근대 교육, 그러니까 일본 식민지 지배하에 교육받으면서부터예요. 그 당시 일본 사람들은 한반도에 사는 우리나라 사람들의 모든 것을 다 통제하고 싶어 했지요. 그래서 모든 사람을 감시하고 신고하게 하는 제도를 만들었어요. 학교에서는 학생들이 일기를 쓰게 함으로써 학생 가족들의 생활, 또는 학생의 생각을 감시하는 것으로 이용했지요.
1945년 해방 이후, 일본이 떠나간 뒤에도 우리의 교육은 식민지 시절 그대로 이어졌어요. 물론, 껍데기는 바뀌었지만 교육 내용이나 교사들이 하는 활동은 그대로 남아 있었어요.

사실 일기 검사에 대해 많은 교사들이 문제가 있다고 지적한 것은 꽤 오래전부터예요. 1970년 이후 민주화 운동이 불기 시작하면서, 교사들은 자신들이 하는 활동을 돌아보기 시작했어요. 특히, 일기 검사에 대한 반성이 시작된 것이지요.

그러나 그런 움직임이 전국 교사들을 다 변하게 할 만큼의 영향력은 없었어요. 또한, 글쓰기 교육을 할 수 있는 활동으로 일기만큼 좋은 것이 없으니까 교육적인 효과가 높다고 생각했지요.

어린이 인권의 측면에서 생각한다면 일기 검사는 없어져야 해요. 다만 글쓰기 교육이 필요하다면 '일기 쓰기' 대신에 다른 교육 활동을 만들면 된다고 생각해요. 아직은 이런 생각이 오가는 단계이니까 모든 학교에서 한꺼번에 '일기 검사'가 없어지는 것은 어려울 거예요. 학급 회의 시간에 이 안건을 주제로 토론해 보는 것은 어떨까요?

선생님도 학급의 어린이들이 주제를 정해 진지하게 토론하는 모습을 본다면 아마 '일기 검사'에 대한 생각이 바뀌지 않을까요?

사람이 살아가는 데 필요한 권리

우리는 흔히 나라가 망하면 우리 생활도 어려워질 거라고 걱정해요. 그만큼 국가가 중요하다는 것인데, 왜 중요할까요? 국가가 없어도 나 혼자서 열심히 노력하면 잘살 수 있을 것 같은데 말이에요.

처음부터 국가가 존재했던 것은 아니에요. 사람들의 필요로 만들어졌지요. 사람들은 국가라는 틀 속에서 서로 약속한 것을 지키고 사람다운 생활을 할 수 있도록 보호받고 있어요.

삼촌은 얼마 전에 회사가 부도나는 바람에 직장을 잃었어요. 실업자가 된 거예요. 이때 국가는 삼촌이 다른 직장을 찾을 수 있을 때까지 최소한의 생활이 가능하도록 실업 급여를 지급해요. 만일 국가가 없다면 삼촌은 누군가의 도움을 받아야 해요. 그 누군가의 도움이 없다면 생활할 수 없는 상태가 됩니다. 사람으로서의 자존감을 지킬 수 없는 상태가 되어 버리는 거예요.

세계 인권 선언문을 살펴보면 '국가는 자유로운 사람의 발전을 위해 필요한 경제적, 사회적, 문화적 권리를 보장해 주어야 한다.'는 내용이 나와요.

국가는 국민이 생존권을 지키는 데 필요한 경제적인 능력을 발휘할 수 있는 조건을 만들어 주어야 해요. 이를 국민의 '경제적 권리'라고 하지요. 이때 노동의 가치는 차별받아서는 안 되어요. 같이 일했는데 누구는 많이 받고, 누구는 적게 받으면 안 되겠지요.

또, 국가는 국민의 '사회적 권리'도 보장해 주어야 해요. 얼마 전 장애가 있는 사람의 집에 불이 났는데, 움직일 수 없어서 그대로 불타 죽은 사건이 일어났어요. 정말 안타까운 일이었지요.

우리나라에서는 가족 가운데 장애인이 있을 때, 그 책임을 대부분 가족이 짊어집니다. 가족은 장애가 있는 식구를 위해 자신들의 생활을 희생하게 되지요.

바람직한 국가는 가족이 자신의 생활을 유지할 수 있도록 여러 가지 복지 제도를 마련해 주어야 해요. 의료 보험, 연금 보험 같은 것이 사회 안전망 기능을 하는 거지요.

마지막으로 '문화적 권리'도 지켜 주어야 합니다.

누구나 자신이 가진 능력을 계발하고 발전해 가기 위해 일정한 교육을 받아야 하며, 예술적인 재능이 뛰어나다면 소질을 계발하는 데 도움받을 권리가 있어요. 우리나라는 초·중학교까지 의무 교육으로, 교육받을 권리를 보장해 주고 있지요. 이런 권리를 우리는 '문화적 권리'라고 해요.

사람으로서 존엄을 지키고 자신이 가지고 있는 능력을 계발해 자아실현을 하고, 사회에 돌려줄 수 있는 능력을 갖추기 위해서는 경제적, 사회권, 문화적 인권이 지켜져야 해요.

생각이 깊어지는 자리

🌸 다음 이야기를 읽고 생각해 보세요.

아침에 일어나기가 힘들다.
옆 반 선생님은 나에게 '대학생'이라고 부른다.
나는 늘 오전 9시 넘어 교실에 들어간다. 선생님도 지치셨는지 쳐다보지도 않는다.
"어이, 대학생, 이제 오는가?"
나는 오늘도 이런 소리를 들었다.
어제 새벽 1시까지 학원 숙제를 했다. 근처 학교 아이들은 공부를 잘한다. 나는 그 아이들에게 지기 싫어서 열심히 공부한다. 우리 선생님은 공부에 별 관심이 없다.
학교생활이 힘들고 지친다. 내가 시험을 잘 보아도 선생님은 별로 관심이 없다. 학원에서라도 인정받기 위해 나는 오늘도 새벽 1시까지 공부를 하겠지. 그리고 또 지각할 거야.
아, 내 인생은 왜 이런 걸까?

-영훈이의 일기-

❋ 위의 일기는 초등학교 5학년 아이가 쓴 거예요. 혹시 여러분도 영훈이처럼 생각해 본 적은 없나요? 비슷한 경험을 한 적이 있다면 그때 여러분은 무슨 생각을 했었는지 기억을 되살려 보세요.

참고한 책

『나도 권리가 있어!』, 인권교육센터 들 저, 책읽는곰, 2011
『디아스포라 기행』, 서경식 저, 돌베개, 2006
『인권의 풍경』, 조효제 저, 교양인, 2009
『인권의 문법』, 조효제 저, 후마니타스, 2007
『인권을 찾아서』, 조효제 저, 한울, 2011
『인권 오디세이』, 조효제 저, 교양인, 2015
『수신확인, 차별이 내게로 왔다』, 인권운동사랑방 저, 오월의봄, 2013
『불편해도 괜찮아』, 김두식 저, 창비, 2010
『여성, 평화와 인권을 외치다』, 박현주·신명철 저, 낮은산, 2007
『세계 인권 선언』, 이부록·조효제·안지미 공저, 프롬나드, 2012
『세상을 바꾼 인권』, 이경주 저, 다른, 2012
『일어나라 인권 OTL』, 한겨레21 편집부 저, 한겨레출판, 2011
『나는 어린이 병사』, 국제엠네스티 일본지부 저, 현암사, 2012
『나는 어린이 노동자』, 국제엠네스티 일본지부 저, 현암사, 2012
『얘들아, 인권 공부하자』, 인권교육을 위한 교사모임, 사람생각, 2003
『청소년을 위한 세계 인권사』, 하승수 저, 두리미디어, 2012
『별별 차별-영화 속 인권 이야기』, 구본권·김민아·김현진·신윤동욱·여균동·조윤호 공저, 씨네21북스, 2012
『한 끼의 권리』, 오하라 에쓰코 저, 시대의 창, 2011
『다른 세상의 아이들』, 제레미 시브룩 저, 산눈, 2007
『새로운 계급 투쟁』, 슬라보예 지젝 저, 자음과 모음, 2016
『아틀라스 20세기 세계 전쟁사』, 피에르 발로 저, 책과함께, 2010
『인권 이펙트』, 크리스토퍼 히친스, 세종서적, 2012
『우리에게 어떤 권리가 있을까』, 빌레리아 파렐라 외 저, 청솔, 2012
『주니어 아틀라스 세계는 지금』, 장 크리스토프 빅토르 외 저, 책과함께어린이, 2011
「변연옥 할머니의 히로시마 원폭 이야기」, 2001~2013년 교사 최종순 수업 사례 중에서